你好，我好，

做公益 與世界共好

李偉文的退休進行式3

李偉文 著

【自序】

忽然想起地老天荒這回事

——你好，我好，做公益與世界共好

多年前曾參加一場環保相關的會議，中午休息用餐時，一位官員私下好奇地問我：「誰付你薪水？你們荒野不接政府的計畫，也不會因這個議題賺到錢，怎麼願意這樣付出呢？」

我一下子不知該怎麼回答。

我想，所有在荒野擔任志工的夥伴都能了解，我們的付出就是我們的收穫，而且當志工能認識這麼多好朋友，是賺再多錢也沒辦法得到的啊！

我發現生活中常常往來的朋友，絕大多數都是數十年來一直在當志工、努力工作也努力生活的老夥伴。

想起了張愛玲式小說對白：「忽然想起地老天荒這回事。如果有一天，這個世界崩潰了，還剩下這片荒野，那時，或者你會對我有一點真心……」

常覺得人的記憶像弄亂的檔案冊，一些大的事件不知積壓到哪個角落，以至淹沒無蹤，而許多以為微不足道的片片段段影像，竟隨手翻得，輪廓鮮明得彷彿可以超越時間和歲月的沖刷。

遠的日子近了，近的日子遠了，對時間的感覺愈來愈模糊。很多感覺和心情像天上的浮雲一樣，隨風而逝，一去便不復返，這時候，才會深深地體會到我們失去的不只是歲月而已。

年輕時，曾刻了一方印章，擺在案頭：

「亦俠亦狂亦溫文，有書有劍有肝膽。」

是的，人不痴狂枉少年（如今已過中年，我只好將它改為人不痴狂枉熟年）。

生命要活得豐富精彩！精彩並不是要賺多少錢，有什麼功成名就，而是一種不後悔的人生，一種淋漓盡致、生命全然展現的人生！

一生過去，留下來的只有回憶。我發現事情的真正回憶來自熱情，雖然熱情可能會被認為是愚蠢莽撞。人們往往自認是聰明的旁觀者，然而聰明人卻忘掉了，只有投身進入生命大玩一場，才不枉此生！

周遭很多朋友四、五十歲時，工作、事業、家庭都好端端的情況下，卻突然出走，最絕決的是連根拔起地移民到國外，有的是轉換另一種截然不同的職業生涯。

比如原本在調查局工作十七年，辦過許多重大經濟案件的念陽，五十歲之後與原本在博物館工作的太太，搬到臺東縣長濱鄉的山上開民宿，一邊接待來自全世界各地的旅人，一邊陪伴偏鄉弱勢的孩子。

還有位前些年才讀完研究所的老朋友羅力，二十多年前從職業軍人退伍，到媒體擔任攝影記者，後來自己拍紀錄片，因為熱愛潛水，拍攝海底生態時，看到珊瑚礁及海洋棲地的破壞，於是加入荒野保護協會，帶領一群志工守護海洋，並因此重回學校讀書，補足自身缺少的環境教育專業知識。

的確，人到了熟齡階段是一個「給」的階段。回饋社會、提攜後進，因為你給得起了。同時，心情帶著幾分慵懶和散漫，可以好整以暇地開始二度學習（或事業第二春）。

不過，我倒覺得年齡漸長有個最大的好處，就是能夠理直氣壯地說：「我不要！」比如面對一些「好像應該」必須做的事，就可以稍微大聲地說：「我年紀大了，不要可以吧！」比如不再委屈自己，可以做些「理想性」的事，也許不一定很賺錢，只要讓自己樂在其中。

想起張曉風老師說：「一切正好，有看雲的閒情，也有猶熱的肝膽！」

勇於改變、接受挑戰的朋友都是處於正好的年紀！這種不管幾歲，不斷重新學習，開展生命不同面向的朋友，個個都活得興高采烈。

卸任荒野保護協會理事長這十多年，寫文章、演講，同時不斷對抗著自己的質疑：「所為何來？有用嗎？」就如同當理事長時的心情，最耗費心神的不是開不完的會議與參加不完的活動，而是夜闌人靜時，不斷和自己的無力感對抗著。

總覺得要從別人的經驗裡學習是一件非常困難的事。有所體會的人，不勞你多說，他自然就會去做；但是無法體會的人，任憑你苦口婆心，他仍是我行我素。

簡單講，懂的人，你其實不用說；不懂的人，說了也沒有用。假如世間事真的如此，那麼多年來不斷寫文章、不斷演講，豈不是庸人自擾嗎？

因此，每當收到讀者或聽眾的回饋，我都非常感激，這些鼓勵正是我對抗無力感的力量。

這本書是我寫的第四十二本，從第一本書付梓時，我就知道每次出書就會有樹因這本書而倒下，當時就承諾：「我將保護一片森林以為回報。」到今天，我仍然很慎重地看待每一本作品，盼望有更多人會因這本書而採取某些對環境友善的行動，以慰為此而犧牲的樹木。

#【目錄】

PART 1 護地球是永續志業

PART 2 慢行生活珍愛自然

PART 3

幸福來自公益實踐

PART 4

大地萬物共存共榮

PART 1

護地球是永續志業

輕輕地走在地球上

一九七〇年四月二十二日，美國參議員受《寂靜的春天》（*Silent Spring*）作者瑞秋・卡森（Rachel Carson）影響，發起了美國有史以來規模最大的草根遊行活動，當年是為了抗議大量使用含鉛汽油及產業排放濃煙卻無法管制，要求國會通過環境生態法案。

這個人類首次為保護環境而舉辦的行動，促成了美國環保署的成立，這是世界上第一個環境主管官署，也醞釀了聯合國一九七二年六月五日召開人類環境會議，發表人類環境宣言。

隔了將近二十年，一九九〇年四月二十二日，全球有一百四十一個國家、二億人參與了第一次跨國舉行的國際地球日，此後各國民眾紛紛響應，都在四月二十二日提出當時最迫切的環境議題，全球串連的規模一年比一年浩大，因此稱為「世界地球日」。這個運動推行了幾十年，想不到地球生態環境所面對的危機不但沒有減少，還一年比一年嚴重。

以前推動環境保護運動時，採取的是「為後代子孫著想」的道德訴求，這二、三十年全世界人口大量增長，以及經濟全球化與科技的結合造成對自然資源過度耗損之後，如今的危機已不是「後代子孫」般遙遠的未來，而是我們及孩子們這一代就會遭遇到環境惡化的苦果。

一九七二年，洛夫洛克（James Lovelock）提出了姬亞學說（Gaia hypothesis，一稱「蓋亞假說」），主張大氣、海洋、土壤，以及所有生物都屬於同一個活生生的個體——姬亞。他認為，這些生物與無生物經過數百萬年的演化，彼此影響，彼此適應，已成為休戚與共、無法獨自存在的一整體，因此人類對地球的破壞，就像自殘肢體，將會加速姬亞的死亡。

姬亞是希臘神話中代表大地之母的女神。自古以來，幾乎所有人類不同種族的神話裡，都把孕育萬物的大地以女性母體的面貌為象徵，表達對土地的尊敬，以及對自然萬物手足同源的情感。

洛夫洛克提出這個假說時，引起很多爭論（甚至科學界的取笑），可是經過了五十年，有愈來愈多人相信，並影響了人們對地球的看法，我們也愈來愈能體會生態系的複雜與環環相扣，正如人體內數以百萬計不同構造的運行一樣，彼此影響與調諧。

若把整個地球視為一個大的生態系，她是個非常複雜、各種平衡回饋系統環環相扣、也是相當穩定的體系。但是近百年來，大量使用石化燃料，大氣中的二氧化碳因人為因素而迅速增加，使得地球產生溫室效應，即地球暖化的現象。這種暖化造成生態環境破壞是長期的，而且依物理及化學原理，原先的平衡一旦破壞，建立新的平衡狀態之前，其間的變化是複雜不可測的。

或許有人以為溫度增加一度、二度有什麼了不起，以局部地區來說，溫度短時間的改變對人類來說沒有影響；若以整個地球來說，溫度改變小小的一度、二度，就會使海中因溫度差異產生的洋流發生變化，而洋流會影響到各地的降雨模式。換句話說，原本會下雨的地方也許不再下雨，原本降雨量正常的地方忽然變成乾旱或暴雨，全世界同時改變的氣溫、降雨類型與分布，若加上南北極冰山凍原的融解造成海平面上升，這些改變會影響到陸地上所有的生命。

地球的環境會怎麼變，以我們個人的力量，或是政府，甚至全人類來說，似乎都是艱困的挑戰，但無論如何，我們的確必須增強面臨危機的應變能力！縱觀歷史，人類社會敗亡的原因，大致來說，自殺的成分多於他殺，也就是指社會崩解來自於人們的不做為，眼睜睜看著自然資源的耗盡！

一個社會的應變能力取決於政治、經濟、社會制度和文化價值觀，這些的確是每個人、每個團體或機構都可以努力而加以改變或塑造的。

人類漫長的演化過程中，進入文明的幾千年裡，所有使用的東西都可以回到大自然，直到這幾十年才出現垃圾這樣的名詞，阻斷了地球亙古以來物質的不斷循環。

記得小時候常拎著空瓶子，幫媽媽到柑仔店去「打油」；味全花瓜的罐頭、用完的黑人牙膏管子都會有人來收購。更古早一點的農村生活，根本沒有所謂垃圾，所有用過的剩餘物品都可以變成其他東西的材料，連人或雞、鴨的糞便都可以利用。這樣的社會才是永續的社會，也是過度消費的我們一定得重新思考的永續之路。

這些年來，一方面因科技進步，一方面因全球化競爭，商品愈來愈便宜。因為便宜，我們輕易地買，愈買愈多；也因為便宜，我們不會好好珍惜，隨隨便便就扔掉了！即使把不要的東西分類回收，處理過程中也會耗掉許多寶貴的能源。請提醒自己：買東西時不要只看價格是否便宜，而是考慮那件東西是不是真的用得著，用完後它會到哪裡去？要看東西來自於大自然的價值，而不是販賣的價格。倘若我們過著不斷消費、不斷購買、又不斷丟棄的生活，大自然的資源很快就會被我們用完了。

以前到超市購買食物時，我都會挑選有效期限距離最遠的，現在反而改買屆臨保存期限的食品。超市大量丟棄這些已到期、即將到期，甚至還有一段時間才到期的食品，而這些食品標示的保存期限其實是最佳賞味期，除了少數生鮮的肉類之外，過了最佳賞味期並非不能吃，而且與健康無關。

這些明明可以吃卻在超市被大量浪費的食品來自於生產廠商不斷縮短賞味期限，一方面是廠商的謹慎（怕萬一消費者吃出問題，官司賠償不完），另一方面是保存期限愈短，消費者丟掉得多，當然就買得更多，意味著營業額更高，利潤更大！

至於超市通路為什麼會大量丟棄這些雖然即將過期卻尚未過期的食品呢？主因是消費者不太會購買這些即將過期的食品，與其擺在架子上占地方，不如丟了，另一個原因是整個銷售空間擺得光鮮亮麗可以促進買氣，提升營業額。

於是世界上有一半的食物還沒被端上餐桌之前就被扔掉了，家庭垃圾裡有將近一成是食物。單單歐洲和美國、加拿大等北美地區丟掉的食物就可以餵飽全世界三倍的饑餓人口！

食物除了從超市或我們的冰箱中被扔掉之外，在產地就直接被「淘汰」的更是不計其數。這裡說的淘汰並非指食物的品質不好，而是其外觀與大小不符合全球化運輸體系的包裝需求。

這個消費時代裡，鋪天蓋地、無所不用其極的廣告早已滲透到生活的每個領域，充斥著我們所有的視野，要拒絕這些誘惑的確不太容易。當我們企圖以各種「新生活規範」來勉強自己不去做什麼，或一定要做什麼時，其實是痛苦且效果很差的。

戒律是負面的能量，它要你「不去」做什麼，此時，內心必須用更多能量去對抗想做的欲望，我們的精力與信心就消耗在無形的「掙扎」之中。通常我不會「規定」自己一定得做什麼，一定得不做什麼，將當下每個時刻視作有無數的可能選擇，而我只是輕鬆自在的選擇一項。

不管誰對你說，你「應該」過簡單的生活，所以喜歡或擁有的某些事物並不恰當，這些人的話你都不要聽。「簡單」像一棵樹，從我們的內在自然而然地長出來，而不是來自於外在，像在身上貼了新的樹皮一樣。

過去我們拚命工作，賺了錢又拚命消費，甚至連休閒也變成物質消費的一環，得趕著時間去做，於是逐漸喪失了感受生活的能力，連帶地失去了真正的快樂。或許就像梭羅（Henry David Thoreau）所說：「我們花了大半輩子釣魚，結果發現要的根本就不是魚。」美國喜劇明星喬治・卡林（George Denis Patrick Carlin）也提醒著：「想藉由累積物品來讓自己快樂，就像是用三明治拍遍你的全身，好讓你感覺吃飽了一樣。」

放慢速度，增加生活的感受，一如許多宗教與靈修教義不斷提醒我們的，「活在當下」才是幸福感的來源。當我們能以悠閒的心情去感受周遭的事物時，就能從日常生活中再度發現許多賞心樂事。像是坐在家裡陽臺看著夕陽緩緩落下，與三五好友喝茶、聊天，陪著孩子沿著河岸騎單車……這些令人快樂的事並不必花錢。

澳洲原住民常吟唱著歌，走在廣闊的草原與沙漠中，編織成「夢的路徑」，他們在大地上躡足而行，認為從土地上拿的東西愈少，將來要歸還的也愈少。

我們要如何輕輕地走在地球上呢？少買東西、少丟東西，不要浪費能源，大自然遭受的破壞少一些，地球就會少一聲嘆息！

人人都可以做得到的綠色生活

有媒體曾發起一項「行動綠生活，臺灣不碳氣」的號召，鼓勵大家透過各種具體的綠行動以及邁向綠生活的方式來守護地球，並讓大家上網承諾並紀錄自己的減碳生活，希望七天養成小習慣，六十天形成大改變。

活動中列出減碳十五招，請大家天天登錄有沒有做到，我就以這十五個項目做個檢視：

一、我今天有一餐不吃肉

百分之百每天做到。我們在家幾乎吃素，除了出門參加餐聚活動時會跟著吃一點肉。

二、我今天外食自備環保餐具

我不太常到外面用餐，即便有，也會自備筷子。

三、我今天三餐食物都吃完

每天百分之百都有做到吧！

四、我今天買東西都自備購物袋

我很少買東西，除了買書之外，自己幾乎沒買過其他東西。

五、我今天每次離座都隨手關電腦螢幕

每天幾乎百分之百做到。

六、我今天少看電視一小時

百分之百做到，因為我家沒有電視機。

七、我今天少用電腦一小時

應該算有做到吧，我不太會上網亂逛或查東西，也從不玩線上遊戲之類的，平均每天使用電腦約一個小時左右，若少用一小時，就等於不要用電腦了。

八、我今天用掃把取代吸塵器打掃

我痛恨吸塵器的躁音（我太太約每星期用一次），我喜歡用抹布趴下來擦地板，當作一天的運動。

九、我昨天睡前將冷氣調高一度

我回家後從來不吹冷氣。

十、我今天少用冷氣一小時

我回家後從來不吹冷氣。

十一、我今天有做紙類回收

二十多年來天天做，當然不只是今天做而已。

十二、我今天回收一支鋁罐或玻璃瓶

我無法回收鋁罐，因為不購買鋁罐裝的東西。

十三、我今天在刷牙時用漱口杯接水

咦？有人刷牙不用漱口杯的嗎？

十四、我今天淋浴時間縮短五分鐘

哇！平常我淋浴只花不到五分鐘，若要縮短五分鐘，就沒辦法洗澡了。

十五、我原本開車，今天改搭捷運或公車

只有這一點我今天做不到，明天也做不到，以後恐怕也做不到，因為住家與診所要搭大眾運輸工具不太方便，單趟就比自己開車要多花近一小時，我實在承受不了這麼高的時間成本。

這十五項減碳行動中，我可以做到十四項，並早已成了平日的生活習慣，做不到的一項，得靠政府幫忙建立更完整的大眾運輸網，實在不是我個人努力可以做到的。當然，我也可以選擇搬家，但是，對我來說，這個成本太大了。

以上是我個人的行動報告與檢討。

這十五項中，至少有一半以上可以輕而易舉做到，其中容易做而且效果最大的有二項，其一是冷氣調高一度或聰明使用空調，再來就是多吃蔬食、少吃肉。

＊

學生時代搭公共汽車時，票價分為兩種，一種是「普通公車」，另一種是「冷氣公車」，有些計程車車身外會噴上四個大字：「冷氣開放」，表示這輛車子有裝冷氣，請選擇搭乘我的車，街上有些理髮店或商店玻璃櫥窗上也會註明「冷氣開放」，以宣示我的店裡比較舒適。

當然，如今街上不再看到這些標示了，只要有人出入的地方，甚至路邊小小的停車收費亭都會裝上冷氣，許多人一天二十四小時都處在冷氣開放的人工空調裡，包包裡甚至需要隨時準備一件薄外套，以備冷氣太強時可以披在身上禦寒！

開冷氣會使電費增加，耗掉珍貴的能源，也會排放二氧化碳，增加全球暖化，這些道理大家都懂，可是為了自身的舒適或商場的業績，幾乎所有辦公室與商場還是把冷氣溫度調得很低，以致於政府必須祭出法律規定來限制公共場所的溫度，同時用道德訴求希望民眾在家開冷氣時，溫度盡量調高一、二度。

冷氣溫度只要調高一度，就可以省下百分之六的用電，以全臺灣二千萬臺冷氣來計算，單單一個夏天就能節省三億度電，省下的電力足夠讓澎湖使用一年。

臺北市每人每天的排碳量大約為十七公斤，可是根據專家學者估計，若要把全球暖化上升溫度控制在攝氏二度以內，每天人均排碳量不能超過五公斤，先不管其他吃喝購物的製造生產過程都會排放二氧化碳，單單我們使用一度電就會排放〇・六四公斤的二氧化碳，每使用一公升汽油（開車約十公里）就會排碳二・二四公斤，大家要降低碳排量需要從很多層面共同努力。

調高冷氣溫度大概是最簡單也不會影響生活品質的方法，我們只要注意開冷氣時緊閉門窗，減少冷氣外漏程度，並防止陽光直射屋內，避免使用發熱的電器，選用變頻式冷氣機，並且每隔二至三週清洗濾網，這些做法都可以增加冷氣的效率。

每個人從生活中盡量節能減碳，不只是道德呼籲，更是因為全球暖化所引起的環境變遷，對我們個人的生活與生存都產生許多影響！

我們都忽略了對溫度最敏感的，不是北極熊，而是蚊子，只要溫度上升一度，蚊子的數量就會增加十倍。溫度上升會改變疾病的分布，比如過去只出現在北回歸線以南的登革熱，當氣溫上升一度，埃及斑蚊就會「北伐」，攻下臺中和臺北。因此，世界衛生組織也提出警告，暖化除了會加劇心血管疾病的發生機率，也會使瘧疾捲土重來！

*

我覺得生活中對環境友善，也對自己健康有幫助的行動就是多吃蔬菜、少吃肉。

自古以來，許多人因宗教信仰而吃素，但近年來有愈來愈多人因各種不同的理由加入吃素的行列，有的是健康因素，有的是基於保護動物的觀念，這些人甚至不使用任何動物製品，包括皮衣、皮包或皮鞋等，另外，還有一群人是因為環境保護的關係，他們相信吃素可以救地球。

現在我們吃的肉，不管二隻腳或四隻腳的動物，幾乎百分之百是人類飼養的，而不是從山裡獵來的，甚至從海裡抓的魚類比率也節節下降，目前人類吃的漁產有半數以上是養殖的。

畜牧業為了降低成本大量生產，幾乎都是集約式畜養，也就是像工廠生產線一樣，圈禁起來餵飼料。雖然經過不斷育種改良，不管是雞、豬或牛，都可以在很短時間迅速成長而上市，但即便所謂「換肉率」再怎麼提升，一隻動物總是要吃下很多公斤的飼料才能長成一公斤的肉，如果人類直接吃那些當作飼料的大豆、玉米等，對節省地球資源來說，一定是比較划算的。

種這些作物必須耗費大量的肥料、農藥與殺蟲劑，以及灌溉系統與收割運送都必須耗費大量化石燃料，根據美國國家地理學會的資料，養出一頭牛得花上八桶石油。

除此之外，畜牧業最令人詬病的是，為了種飼料用的大豆、玉米，許多原始森林不斷被砍伐，再加上中美洲貧窮國家的老百姓為了生存，不斷燒掉熱帶雨林改成牧場，根據國際雨林行動組織的調查，每生產一個速食漢堡所需的牛肉，就必須毀損大約五平方公尺的熱帶雨林。

曾擔任美國華盛頓州立大學動物系主任的專家在其經典教科書《動物科學》提到：「為了一百一十三克的漢堡肉，必須砍掉一噸重的巴西雨林樹木。」自然界花了數十年才形成雨林，但人們卻為了一口牛肉而摧毀它，雨林一旦消失，就永遠消失了，至少在人類可預見的未來是很難恢復的。

有團體曾估計，若把真正的社會與環境成本算進去，一個漢堡真正的售價應該是二百美元。著名的宗教家曾表示：「世界上每天有四萬個小孩因為缺乏食物而死。而我們為了吃肉而養動物，還把穀物餵給動物吃。等於是吃這些小孩的肉。」

有錢人食用的肉類愈多，愈會造成窮人的災難。當愈來愈多農地變成牧場，愈來愈多農地去種植提供餵養動物的飼料，生產人類糧食的農地就愈來愈少，糧食會愈來愈貴，窮人買不起，窮人孩子就因營養不良而死。

這種情況在其他經濟作物上也可以看得到，全世界的有錢人想喝咖啡、喝茶，許多國家就將原本可種糧食的土地改種這些所謂的經濟作物，而當這些經濟作物的價錢被全球化的大廠商控制、剝削時，原本自給自足的在地農民就陷入悲慘的命運。

印度聖雄甘地（Mohandas Karamchand Gandhi）說：「地球提供資源滿足每個人的需求，但不能滿足每個人的貪婪。」當我們體悟到嘴裡咬下的每塊肉，都可以讓更多處在饑餓邊緣的孩子獲得溫飽時，或許就可以改變我們的飲食習慣了。

有機的生活就是樂活的生活

自從卸任荒野保護協會理事長職位之後，很多會議與活動不再非要親自出席不可，多出來的時間，我以演講當作環境行動、社會服務的一環，因此只要排得出時間，演講邀約總是盡可能參與。這二十年來，幾乎臺灣大部分機關團體都去演講過了，有的還不只去一次。

前幾年在殯儀館裡的演講倒是生平第一次，殯葬處邀請我以「環保自然葬」為主題對禮儀師及相關從業人員演講。這幾年各地政府積極倡導環保自然葬，並紛紛設立骨灰植存區，鼓勵這種不立碑、簡約且促進土地循環利用的環保葬法。

將近三十年前，有朋友就想發起設立這種樹葬園區，我到他們所購買的山谷野溪探勘過，後來查閱相關法規，當時還不允許這種將骨灰直接灑入荒野大地的葬禮，後來朋友只好依一般人所能想像的方式，改為經營農場。

時代不斷改變，許多法令規章也會隨著調整，甚至以個人而言，隨著年歲的增長，許多看法與習慣也不斷改變。

我年輕時，認識許多雅痞族（年輕、有錢、有閒的專業人士），他們見面往往彼此互問哪裡有好玩的，而且幾乎個個都是吃遍世界的美食主義者。誠如大文豪馬奎斯（Gabriel García Márquez）所說的，等大家都到了四、五十歲，逐漸知道自己內臟的位置（有了老花眼、乾眼症，才發現眼睛存在；身體開始這裡痛、那裡痛，才知道原來這個器官長在這個地方），如今那些美食主義者一個一個都成了「狂熱的有機分子」，到處尋找有機蔬菜，見了面不再問哪裡好玩，而是互相分享健康飲食祕方與養生寶典。

當然，吃有機的食物，除了對自己的健康有益之外，對環境也友善得多，是一件好事，但我總覺得真正有機的生活，不只是生理上的健康，應該還包括精神與心靈上的「有機狀態」。

我認為所謂有機的生活，應該像大自然般，在穩定不變的狀態中，又充滿生命循環的流動性，而且每個當下都是神祕的，就像一棵大樹的成長，沒有人知道它的枝條下一步要往哪裡伸展。

總是很感慨，我們為何會從一個好奇、興沖沖、愛玩、富有創意的孩子，長成了一個充滿壓力而且僵化無趣的大人？

有機的生活是滿懷好奇地注視著生命的一切，沒有不切實際的期望，相信只要該發生的就會發生。我們認為每個人都可以掌握自己的生命，雖然不能控制將來發生的事，可是能決定自己如何去面對。同時能體會到人生沒有不快樂的權利，假如真的覺得不快樂，也要自己負責，不能再把責任推給別人。

有機生活也是一種用心的生活，只面對生命中最重要的事，不再被生活中華而不實的東西所誘惑，比如名牌、物欲享受或虛名權勢等。到底什麼是生命中最重要的東西？或許每個人的追求都不同，但是我相信與年輕時為了工作一直「力爭上游」的價值觀不一樣。

有機的生活也是一種心情較為篤定的生活，因為已經明白生命的遭遇沒有所謂對或錯，只有結果而已，而且沒有所謂成功或失敗，所有發生的一切都是學習與成長的機會，這種體會將自己從價值判斷、從懊悔中釋放出來。

有機生活就是一種不再懷疑，不再徬徨，也不再擔心迷路的生活。是的，不再擔心錯失任何東西或無法達到目標，因為知道人生並沒有一定得達成的目標，或者非做到不可的事，既然如此，又怎麼會有所謂的迷路呢？

有機生活也是一種自在的生活，我們懂得放鬆心情欣賞周遭的景致，享受人生路上處處繁花盛開，這是一趟從身體到心靈的美妙旅程。

真正樂活的芬蘭人

芬蘭這個國家這些年來在國際上能見度很高。

以企業來說，不管是之前的 Nokia 手機或後來的憤怒鳥手機遊戲，都吸引著全世界人關注的目光。全世界一片教育改革的聲浪中，芬蘭教育在各種國際競賽中始終名列前茅，成為全球老師與教育界人士效法的對象。以國家整體形象而言，全世界最適合居住之所在、競爭力或政府治理……許多項目都是數一數二。

對於臺灣來說，芬蘭更具有標竿的意義。

芬蘭是小國，人口只有五百五十五萬，雖然國土面積比我們大將近十倍，但是大部分位於北極圈附近，沒有太多天然資源，環境算是惡劣。

近代歷史上，芬蘭頗為坎坷，一直被隔壁的強鄰瑞典欺負，趁著德國入侵瑞典時，與德國合作攻打瑞典，以解長年的積怨，於是二次大戰後有點無辜地與德國、日本、義大利同列為戰敗國，必須負擔龐大的戰爭賠款。

早些年，芬蘭還沒那麼夯、那麼優秀得令人刮目相看時，一提到芬蘭，想到的大概就是芬蘭浴。芬蘭冬天來得早，天寒地凍的，桑拿（也就是蒸氣浴）幾乎是家家戶戶必備的設施，在蒸氣室烤熱後，再跳到冰冷的湖中，這麼來來回回幾次後，裹著浴巾坐在陽臺上，吃烤香腸、喝啤酒，真是一大享受。

我最羨慕的地方是，芬蘭大部分的國土不是森林，就是湖泊，家家戶戶都生活在大自然之中。他們常到住家附近的森林撿拾野生漿果及香菇，除了新鮮食用之外，還可以做成果汁或果醬，這也是他們自古以來的傳統，人人都可以免費去摘取森林裡天然生長的果實。

芬蘭人喜歡看書，喜歡寧靜，更享受大自然的美好，雖然冬天長達半年，而且每天黑夜時間將近二十個小時，但他們會用蠟燭和燈光營造住家的浪漫氣氛，藉由溫暖的橘色光線照亮庭院或家裡，用愉快的心情度過原本顯得淒冷寂寞的冬季。

芬蘭有一千多間圖書館，平均每二千人就有一間圖書館，以人口比例來算，應該是全世界最密集的。父母習慣從孩子小時候就帶著上圖書館，每年每人平均借書量約二十多本，也算世界名列前茅。

芬蘭人的日常生活很簡樸，下班後就回家，一年只有二、三次在外面餐廳用餐，街上幾乎沒有奢侈的百貨公司或世界級精品店。

芬蘭人的家裡只有需要的東西，也就是用得到的東西，不會盲目追求流行，並珍惜物品的代代相傳，因為老物品有著與人互動的記憶，具有故事性。他們有句俗語說：「愈醜的人愈會穿著漂亮衣服四處炫耀。」他們認為把錢花在買衣服是沒有自信的證據，多數人身上穿的都是不會被淘汰、一年又一年持續穿用的衣服。

他們喜歡使用充滿故事、有歲月痕跡的舊東西，認為好東西一定符合「簡單、樸素、天然」的特質，他們會購買的是值得代代相傳的好東西，不會選擇流行時髦或用過即丟的快時尚。

芬蘭人非常習慣「二手商品的買賣」，人人都有將自己不再使用的物品給別人用的環保意識。全國一年有兩次「整理日」，那天在公園或自家庭院都會擺出二手物品，不管是送人或賣掉，大家以實際行動為地球做出一點貢獻。

多年來總是名列全球最幸福國家之一的芬蘭，他們的生活才是真正的樂活，根據調查，芬蘭人認為最讓他們感到快樂的事物，依序是甜蜜的家、美好的陽光、與他人互信的關係、自由自在、剛剛清掃過潔淨的家。

芬蘭人的生活或許可以讓每天忙著賺錢、忙著花錢的臺灣人借鏡，原來關心地球永續的生活，才是真正幸福自在的生活。

少就是多，簡單就是豐富

哲學家尼采（Friedrich Wilhelm Nietzsche）曾寫過一段話：「快樂，只需要一點點就可以滿足！最細微的東西、最溫柔的事物、最輕盈的玩意，一隻蜥蜴發出的沙沙聲、一次呼吸、一個眨眼、眼波流轉……這些微不足道的東西，創造了難以比擬的快樂。」

的確，我們住的房子究竟要多大？我們需要多少東西才足夠？日本都市空間和臺灣一樣擁擠，但是他們住家再狹窄，也會留出一方小小的庭園，一個與自然生命接觸的場域，而臺灣的住房卻往往把陽臺外推出去變成室內空間，甚至想辦法不斷往外違建加蓋。

詩人布雷克（William Blake）曾提醒我們：「還要更多！還要更多！這是受苦靈魂的呼喊！」是啊！所謂窮人不是那些擁有很少的人，而是那些欲望很多的人。

隨著科技進步，我們創造了許多東西，而人類的力量也無遠弗屆，地球上任何可以開發利用的物質都納入全球經濟體系的一環，我們正活在一個物質太過豐盛的時代裡，甚至為了擔心經濟蕭條，各國政府無不以鼓勵消費來確保經濟發展。

當每個人都陷入了拚命工作、拚命消費的循環時，也逐漸喪失了對生活的感受能力，形成了物質愈豐盛，精神和心靈卻愈空虛的現象，換句話說，我們愈富足卻愈不滿足。

當一個人不斷購物、不斷想擁有更多時，耗用的不只是金錢，還有時間，然而時間就是生命，我們用生命換來的那些物品是真正想要的嗎？

這些年隨著節能減碳的風潮，簡單生活似乎形成另一種時尚，「少就是多」、「簡單就是豐富」出現在許多人的口中。少與多是相反的意義，簡單與豐富也是相反的概念，為什麼會相等呢？

這是因為人的時間是有限的，人的精神注意力也是有限的，當一個人的心裡充塞太多東西的時候，其實什麼都感受不到了，反而是簡單的時候，我們的心才會活在更大的空間中。就像一個吃得很飽的人，對食物不會有任何興趣一樣；一個沒有感受力的心靈，也無法擁有真實的快樂。

這些年來，雖然已經不太會追逐物質消費，很少逛街買東西，但是畢竟還是生活在物質豐盛的時代中，往往不知不覺中，身邊還是累積了不少東西，每年歲末大掃除清理家中時，赫然發現自己不帶感情地丟棄了一件又一件的物品。的確，物質的豐盛已變成對物品的薄情，一如清朝詞人納蘭容若所寫：「情到多時情轉薄。」

看過日本一則調查報導提到，許多日本青少年流行在網路上召號同伴相約自殺，這些生活空虛、覺得人生沒意義的孩子，往往來自於要什麼就有什麼的環境。物質毫不匱乏，對任何東西都沒有感情，當我們對周遭的一切都沒有感情時，就不會有連繫；當一個人和周遭都沒有關連時，自我的存在就無所依託而可有可無了。

當我們擁有的東西少，就會好好地使用它、注視它，和它產生感情，少反而形成了感受上的多，這就是少即是多的原由吧！因此，簡單反而使生活充滿感受，心靈更覺得豐足，這也是簡單就是豐富的真諦。

常常想起小時候，那個物質很少、人情卻很多的時代。以現在的標準來看，當時的生活雖然簡陋清苦，可是快樂滿足的時刻總是比憂慮煩惱多，而且多數人都過得很安心、很踏實。

聖嚴法師曾一再提醒：「我們需要的不多，想要的卻太多！」西藏俗語也同樣警惕著我們：「如果你已經有一，然後還要二，就等於敞開大門請魔鬼進來。」

是否能夠偶爾熄掉燈光、關掉聲音，停掉機器、推掉邀宴？「少」，有的時候是「更多」。根據研究與統計，滿意度最高的活動往往是去除聲色刺激、花費最少的活動，好比看夕陽、散步、沉思、與好友盡興聊天、溯溪，或是在公園裡做運動。生命中最美好的事物，其實都是免費的。

只有從聲色爭逐中慢下來，我們才能再看到天空、雲朵、花樹、蝴蝶和路人，再看到真正的生活。

讓我們在生活中開始有意識地過簡單的生活吧！因為少就是多，簡單就是豐富。

永續是未來數十年的消費主流

雖然流行風潮在短期內總是潮起又潮落，不斷改變，但依據社會學家長期觀察，生活習慣與時代共同的價值選擇會隨著當時世界所面對的重大事件而改變，而且有明顯的分水嶺。比如影響每個人日常生活最重要的消費選擇，就受到通貨膨脹的影響，而且據研究，只要危機持續六個月以上，消費習慣就會固定下來。

回顧歷史，人類上一次經歷長期的通膨是一九七〇年代的二次石油危機，那時候消費的主力是戰後嬰兒潮世代，在經濟快速成長中度過童年，到七〇年代剛好是就業與成家的年齡，面對重大危機及社會動盪，開始對既有的道德倫理與文化價值產生懷疑，因此這些人挑戰文化的權威，丟棄上一代勤儉的信仰，選擇追求自我，搖滾樂與嬉皮開始流行，消費傾向把焦點放在自己身上，吃的食物更質樸、熱衷健身，因此有機食品、慢跑、牛仔褲從邊緣文化進入主流。

到了二〇二三年的現在，從美中冷戰、新冠疫情、俄烏戰爭到全世界引起的通膨，將會改變哪些消費的優先選擇？至目前為止可以看到幾個明顯的趨勢。

首先是永續的浪潮起飛，快時尚被循環商品取代，長達數十年的「用過即丟」習慣慢慢改變，「修復權」運動興起。二〇二一年九月，歐盟提出法案，強迫如蘋果等全球大企業必須為產品提供與世界所有品牌共通的充電裝置，英國也在二〇二一年七月通過實施「修繕權法案」，強制要求廠商賣出電器、電子產品後，即使在停產後，也必須繼續提供十年的備用零件，也就是讓每個產品至少有十年以上的使用壽命。

因應風潮的改變，快時尚的服飾業紛紛回收舊衣，經清洗拆解，重新紡紗織布，最後剪裁成新衣。而著名的家具業者 IKEA 二〇二一年在全世界推出家具「購回」的服務項目，讓消費者賣回家裡用不到的 IKEA 產品，然後將這些使用過的家具整理翻新後，上架到循環專區販售。

第二個新趨勢是疫情讓人們重新回歸家庭，而通膨也迫使人們減少外在消費，當人們習慣在家上班、煮飯，即便疫情結束，短期內也不會再改變了。年輕人開始在家動手做飯菜時，煮起來簡單又方便的火鍋湯底，還有各式各樣煮菜用的醬料包和拍照打卡所需的漂亮盤子與廚具，成為新的潮流商品。

假如不是在家裡生活與上班，那麼就是採取另一個極端，走出去在外度假辦公。許多國家與景點因應這股風潮，推出度假辦公方案，讓這些隨時隨地上網就可以連線上班的人，只要電腦一關，立即切換成度假行程。

目前可預見的趨勢是，消費購物會更趨近於兩極化，尤其對於現在剛進入社會工作的Z世代，如同引領前一波社會風潮的戰後嬰兒潮世代，這群二十幾歲上下（一九九五年至二〇一〇年出生）的年輕人，除了商品的價格之外，還看重是否有價值，也就是能不能有額外的意義或體驗。換句話說，只有「好」是不夠的，還要夠特殊、夠個人化。

社會學家認為Z世代正要改變未來四十年的消費和生活的樣貌。比如說，最近美國的研究機構調查顯示，因為疫情和通膨導致的房租、房價高漲，有二成的Z世代在成年後仍與家人住在一起，而且即便疫情結束也不打算改變現況，因此美國可能迎來很久不見多代同堂的家庭生活。

臺灣社會雖然受獨特的地緣政治影響，但是整體而言還是無法自外於世界潮流，至少追求環境永續與循環經濟，將會落實為每個人日常生活的一部分。

這一、二年全世界最夯的議題，除了新冠疫情之外，大概就是永續發展目標與淨零排放了。

雖然環保團體已聲嘶力竭地喊了十多年，但直到跨國的大品牌、大企業訂定期限，要求所有製造商與上下游所有配合廠商都必須達到零排碳之後，全世界才真正動起來，各國政府與所有機構也開始認真地看待二〇一五年聯合國訂的十七項永續發展指標。

幸福而永續的生活

談到「永續發展」這個大家耳熟能詳的專有名詞，我個人比較喜歡中國大陸翻譯的「可持續性發展」，雖然「永續」這兩個字比較簡潔且典雅，可是談到永續時，大部分人腦袋中想的還是「成長」，而不是「發展」，成長是數量的增加，發展是質的改善（結構的改變）。而「永續」在眾人的想像中，似乎也是不斷往上昂揚的曲線，而不是較為謙虛的「可以持續的」，那種為後代子孫負責的責任感。

「永續發展」的定義是「滿足當代需求，同時不損及後代子孫滿足其本身需求的發展」，因此，永續發展必須顧及許多條件，甚至必須節制目前的成長。永續發展不是追求無止境的成長，因為沒有總量管制的成長，就像癌細胞一樣，當數量沒有節制地增加，只會殺死宿主。發展的思索應該是尋求我們在宇宙中安身立命的位置，發展的面向很多，物質與財富的追求或許只是眾多選擇之一。

如果全球的經濟是在一個無邊無際、無限大的世界，或許靠著不斷成長，的確可以解決問題，但真實世界並不是如此，我們的一切消費都靠著有限的生物圈來支撐，如果經濟不斷地擴張與消耗，侵蝕了周遭的生態系，這種以自然資本換來的短暫成長，絕對是划不來的成長，很快就必須面對後遺症與品質下降的苦果（亦即宗教說的現世報）。

永續發展的真正意涵，看的並不是當下的數字表現，而是未來的潛力，而且這是一個不斷努力的過程，不斷強化體質，不斷減少錯誤決策的發生，將力量用在對的方向上。

要建立並維持永續經濟發展，政治人物、經濟學家，以及所有人民都必須調整心態，追求結構的改變、質的改善，而不是數量的增加。

喜馬拉雅山區的小小國家不丹，就以「國民幸福指數」來取代「國內生產毛額」當作國家施政的目標。的確有愈來愈多人體會到，我們的幸福感與生活滿意度遠比物質消費來得重要，偏偏很多政府首長總是以為蓋愈多硬體建設就是進步，有時恰恰好相反。

追求永續發展，最困難的是讓政府與企業頭大的「淨零碳排」，要達成這個幾乎不可能的任務，節能減碳只是最基本的要求。我們個人可以做什麼呢？

在吃的方面，盡量不要喝冰涼的罐裝飲料，這樣的飲料從製造、運輸、保存、降溫，到最後的廢棄物處理，都會產生非常多二氧化碳，讓地球更熱。我們最好準備隨身攜帶的水壺，盡量吃在地生產的食物，不要吃遠方運來的食物，而且吃多少準備多少，不要剩下或浪費丟棄食物。

在穿的方面，盡量珍惜物品，不會常穿的衣物就不要買，而且舊衣服除了丟掉之外，還可以有其他利用的方法，也許你不需要的東西，對別人可能是很好用的寶貝。

在行的方面，多多走路或騎單車，不但可以減少排放二氧化碳，對身體健康也有幫助。若要去較遠的地方，盡量選擇搭乘大眾交通工具。

在住的方面，養成隨手關燈的習慣，少吹冷氣，多爬樓梯、少搭電梯。冷氣與冰箱通常是家庭用電量較大的電器，若能重新檢視我們的生活習慣與居住布置，可以發揮創意找到能幫助降溫的方法，一樣能舒適度過節省能源的夏天。

首先，做好隔熱與通風，善加利用竹簾子來遮陽，竹簾子遮陽效果比一般棉布窗簾好，而且美觀具有裝飾特色。再檢查房子與窗戶的氣密性，若有經費將外牆與屋頂地板加上隔熱材料，阻絕來自外面的冷熱，那是最好的。

如果有餘力將房子做大改變，通風的設計是非常關鍵的，現代綠建築的設計就是善加運用熱空氣與冷空氣密度不同來產生自然的對流風，同時可以將室內的溼氣與髒空氣一併帶走。

第二，聰明使用冷氣可以省下很多電力，包括配合電扇的使用，若能加上水噴霧的系統，利用水蒸發帶走室內的熱量效果更好。若沒有這些設備，在家裡和陽臺多種一些植物，也能有效降低溫度。有人統計過，一棵大樹所蒸散的熱量，等於十多臺家用冷氣機的效能呢！

最後，若我們能重新安排家裡房間的使用，考量西晒或通風狀況，將全家人最常使用的房間安排在家裡最舒適節能的位置，也是一個好方法。

家庭用電量第三名的用品是二十四小時插電保持恆溫的電熱水瓶，它也是家裡熱氣的主要來源之一。我家很早就不用這種電熱水瓶了，我們下班、下課回家後，每天用瓦斯爐煮一壺熱開水，倒入二個真空保溫瓶，足夠供應全家人一整晚到第二天上班、上學前所有飲用熱水的需求。

最好整理一下家裡的冰箱，清除堆積太久用不到的雜物，冰箱背面離牆壁至少十公分，側面也要有三十公分的空隙，可以提高冰箱的熱效能與運轉效率。

其他家裡的電器用品若是用遙控器開關的，或者有時間顯示、電源指示燈顯示的電器，像錄放影機、除溼機、音響、電視、電腦、收音機等，即便不開機，都是處在待機狀況悄悄地消耗電力，有的機種甚至是使用中百分之十到三十的耗電量。因此，不用的時候最好將插頭拔除，若是插座隱藏在櫃子等家具後面的牆壁上，很不容易拔的話，可以買好一點的延長線，上面有多個插座可以個別切掉電源，這是很方便又很安全的方法，也是我們應該養成的用電習慣。

要過真正節能減碳的生活，最好的方法就是把家裡的電源全都關上，然後出門享受美好的大自然。即便是住在都市裡，但是臺灣是個多山、多溪流的地方，通常離住家二、三十分鐘路程範圍內，都可以找到一片山坡、一條溪流或是林間步道，可供我們散步與徜徉，很多人都忘了在屋頂之外，我們還有美麗的星空與變幻萬千的浮雲與夕陽。

當我們減低對物質聲光的依賴，也許更有機會欣賞大自然的美好與令人驚異的神奇，這也是我們常講的，少即是多，簡單就是豐富，當我們降低物欲需求時，精神的體會反而愈形豐富呢！

永續發展與零碳時代

所有的演講邀約中，我最喜歡到政府部門演講，公務人員有兩大法定權力——擬定政策與分配資源，而這二個權利攸關整個社會的未來，也是臺灣能不能永續的關鍵。即便受訓的公務人員位階沒有高到可以擬定政府政策與分配有限資源，但是任何一個基層的職務也有一定的職權與行政裁量權，只要願意，還是可以發揮比老百姓更多的影響，何況基層公務人員會隨著年資與能力升遷，一個有理念的公務員，有朝一日總是能做出貢獻的。

公務員受訓課程中，規定要加入「永續發展與環境倫理」這堂課，我有參與規劃過程。我曾擔任六屆國家永續發展委員會委員，二十年前，也就是永續會擴大改組的第一年，我擔任「永續教育組」召集人，那時候花了大半年時間開了很多次會議，邀請人事行政局、考選部、文官學院等相關單位，最後總算說服他們將永續發展列入所有部門與各種專長的人員訓練中，成為共同必修的課程。

永續發展以及關注氣候變遷所採取的減碳行動，近年來已成為顯學中的顯學。我在一九九四年籌備荒野保護協會時開始注意到這個議題，離一九九二年聯合國第二屆環境與發展會議（俗稱地球高峰會議）提出《聯合國氣候變遷綱要公約》及《生物多樣性公約》才二年，當時提到永續發展，聽得懂的人並不多，不像現在，任何機構單位不管提什麼計畫、做什麼宣傳，一定要加上永續兩個字。再者，全世界的媒體都在談永續，任一本今年的商業或企管週刊、半月刊或月刊，其中至少能找到十個以上「永續」的專有名詞。

直到三、五年前，減碳還是個口號，道德訴求的成分比較高，從政府到企業，那些有權力的人只是口頭上說支持，說會努力減碳，其實看不出真正的決心與實質的行動，直到最近歐盟與大企業採取有效的減碳措施才改變形勢。

歐盟從二〇二三年開始實施減碳關稅，針對較耗能的原材料或產品輸入歐盟國家時課徵碳稅，並從二〇二六年全面對所有產品都課碳稅。換句話說，企業必須為產品生產製造過程所排出的碳（消耗的能源）付出額外的成本。

同時，各跨國大企業開始跟進，比如蘋果公司已公告二〇三〇年所有供應鏈廠商都要做到碳中和，台積電二〇二一年四月也宣告要將七百多家供應商的碳足跡和減碳績效列入公司採購的重要指標。這七百多家供應商，每家底下有數百家供應商，這麼一層一層要求下去，你的公司如果無法做到零碳，就會被同行裡做得到的廠商給淘汰出局，自此，零碳已經不再是道德訴求，而是企業生存的關鍵了。不只蘋果與台積電如此宣示與要求，幾乎所有大企業都陸續跟進，如亞馬遜在二〇二五年將百分之百採用綠電，二〇四〇年零碳排；全球最大零售商沃爾瑪二〇三五年百分百綠電，二〇四〇年零碳排。

許多國際組織也祭出嚴格的規範，比如國際海事組織在二〇二一年六月通過，二〇二三年後，將限制船舶的碳排放量，只要設備老舊、碳排太高不合規定的船，到了港口邊境將會被扣船。這些貨運船只要被扣船留下紀錄，之後當然沒有任何一家廠商敢租用，這艘船等同被判處死刑。

為什麼企業與國際組織敢用這麼決斷的方式來要求？除了多年來環保團體的呼籲與遊說之外，這些年全世界公民真的感受到全球暖化所帶來極端氣候的災難，減碳與零碳獲得民眾一致的支持，第三點也是最關鍵的一點，因為科技的進步，低碳與綠能的供應已經讓零碳排不再是遙不可及的目標了。

在可預見的未來，從公司到個人都必須檢視自己的碳排，沒有自外於世界的餘地。

地球不是正在暖化嗎？怎麼這麼冷？

今年冬天真的好冷，若對臺灣人說是全球暖化造成的極端氣候，大多數人會點點頭不反駁，若和有將近一半人不相信氣候變遷的美國人來說，他們可能會取笑，天氣太熱說是暖化的關係，天氣太冷也是暖化？其實這種冬天極冷真的與全球暖化有關，因北極震盪與極地渦漩所導致。

話說從頭，地球自轉不是繞著南北極長軸垂直地旋轉，而是偏一個角度斜斜地轉，而且地球繞太陽的公轉也不是正圓形，而是橢圓形，陽光照到地球的角度不是很平均，也不是很一致，但是又有一定的規律，使地球上大部分地區有春夏秋冬的四季變化，長期以來也會有冰河時期與非冰河時期的間歇性變化。不過，氣候的變化雖然有跡可尋，但會造成影響的可變因素太多了，任何預測都有很多不確定因素。

地球的大氣與海洋都會流動，影響流動有二個因素，一是地球自轉與地心引力拉著它們動，另一是太陽光照量不同，形成冷熱溫度差異所形成的流動。空氣與水都會熱漲冷縮，熱漲密度就低，會變輕，就會上升；冷縮密度大，會變重，就會下降。地表陸地比空氣容易吸熱，赤道與熱帶地區也比寒帶地區來得熱，冷熱不同空氣的流動，形成幾個大氣環流，也就是氣象預報中常說的某某熱帶海洋氣團、副熱帶高壓這些名詞。

北極圈內因日照非常少，有非常冷的空氣，形成與地球自轉方向相反的極圈氣團，而冷空氣會下沉，北極上空就會形成逆轉的低氣壓，也就是與地球自轉方向一致的北極渦旋。換句話說，極圈氣團是離地面比較近的冷空氣，而極地渦旋是高空快速旋轉的冷空氣。新聞報導所說的北極震盪是指北極與附近地區，比如北美洲、歐洲，靠近地面氣壓強弱的消長，就像蹺蹺板一樣，有時候北極中心氣壓高，北美洲、歐洲氣壓就低；相反的，若是北極中心氣壓低一點，南邊的氣壓相對會高一點，這就是所謂的震盪。

或許可以想像成極地渦旋是一臺冰箱，極地渦旋夠強時，自己轉得很快不會散掉，就像冰箱門關著；若是渦旋不夠強，它就會被地球自轉及其他力量衝散，冷氣就往外洩出，也就是往北美洲、歐洲擴散，帶來超級冷的氣流。

雖然地球的氣候變遷非常複雜，但許多學者研究顯示，因全球暖化造成北極海冰的消失，打亂了原本北極振盪以及其他氣流循環的規律，未來會更常出現嚴寒的冬天，因北極海冰的消失減弱極地渦旋的強度，反而提高北極冷氣團入侵南方陸地的機會。

全世界每個人都得面對這種極端氣候所帶來的風險，不只是加一件衣服、少一件衣服而已，連帶著下大雨、乾旱、糧荒、瘟疫等，因此從個人到社會、國家都要有足夠的韌性來因應。

除此之外，因暖化使得北極圈的永凍土溶解，可能有不知名傳染病再起的風險。前幾年夏天，俄羅斯西伯利亞的偏遠地區有位男孩感染炭疽熱死亡，同時大約有超過上百名疑似病例送醫治療，而且這個地區有二千多頭馴鹿也死於炭疽桿菌的感染，這個突然出現的致命微生物來自於解凍的永凍土。

永凍土是靠近北極圈附近、終年結凍的土壤。但隨著全球暖化的影響，這些數千年來始終結凍的土壤慢慢融化了，釋放出凍土下原本處於休眠狀態的炭疽桿菌孢子，然後滲入了附近的水域和土壤，進入食物鏈，感染人與馴鹿。

從永凍土釋放出的微生物，除了炭疽桿菌之外，也有可能包括了近代人類從未感染過，也就是身體完全沒有免疫力的其他致病微生物，這將會是醫療防疫上的噩夢，也可能是人類生存的重大危機。

荒野行腳

一九九五年六月荒野保護協會成立時，我們的目標是用環境教育與全民參與的方式來守護生物棲息地。因供萬物生長的棲息地型態很多，我們常笑說荒野是包山又包海，這個理念從我們環境行動的三個面向——永續山林、生態城市、無塑海洋可以看出。

對於陸域生態的守護是從成立荒野之後就開始了，隨後幾年推動公園生態化當作生態城市的起點，無塑海洋是從西元二千年開始號召民眾淨灘，首開臺灣淨灘行動的先鋒，這些年全世界都開始關心海洋垃圾與塑膠汙染的問題，我們還逐漸從海灘垃圾往上游回溯，開始淨溪與淨山。

從二〇一九年開始，荒野一群志工定期沿著北部橫貫公路進行山林行腳活動，沿著公路撿溝渠、山坡的垃圾。

或許有人會懷疑靠少數人偶爾地沿著自然景點的馬路撿垃圾有用嗎？

就像所有的環境行動一樣，活動本身只是環境教育的一環，對參與的人而言，撿垃圾能夠提供體驗的機會。我們也了解環境教育不是一次、兩次就能有效果，而是必須三年、五年、十年持續做下去才會看得到改變。

以荒野來說，當然不會天真到以為單憑山林行腳的活動能立刻帶來什麼成效，但是除了行腳，荒野還拜訪了復興區清潔隊、經濟部水利署水資源局，也邀請高公局相關人員分享道路清潔的經驗，促成環保署邀集相關單位開會尋求解決方案，並開辦山林現況工作坊，同時不斷邀請各媒體共同關心山林垃圾的問題……

多管齊下，窮盡一切可能的方法來努力，就像荒野保護協會守護環境的眾多議題所秉持的態度——只要願意行動，持續努力，就會慢慢接近目標。

而且，對參加過活動的人來說，或許會像我的老婆大人一樣，往後在自然野地健行時，包包裡會多帶個垃圾袋與工作手套，看到垃圾就隨手撿，當一個人撿、二個人撿，撿的人多了，丟的人也會少一點。

從山林行腳回來，隔天老婆大人早上在社區散步時，就順便帶上夾子與垃圾袋，邊健走邊撿拾道路旁的垃圾。美麗的山林間，只要出現一罐罐棄置的空瓶、空罐，殘破的塑膠袋或菸蒂、吸管、咖啡紙杯……看起來就會很礙眼。

隨手一丟很輕易，要把它撿起來往往是不容易的。前幾天在北橫公路上，老婆大人爬過護欄去撿拾邊坡上的瓶罐，以為踩踏的是邊坡的泥土地，不料卻是懸空的落葉枝條，一瞬間就滑到坡下的溪裡，幸好高度只有三、四公尺，很快就爬上來了，不過滿頭滿臉都是泥土。這番驚險沒有讓她退縮，反而更加勇猛。

我常常想，那些大喇喇搖下車窗往外丟出垃圾的人，究竟是如何被教養出來的？是怎樣的成長環境塑造出如此無感又自私的素質？還流行許下新年新願望的時代，假如上蒼能滿足我一個願望，我許願每個從車窗丟出去的垃圾立刻就黏回他本人的鼻子上，二十四小時拿不下來（看他以後還敢不敢亂丟）。

結合運動、休閒與環境行動的活動愈來愈多了，世界上目前正開始流行「拾荒慢跑」，這是二〇一六年在瑞典誕生的，在社群媒體推波助瀾下，現在已有四十多個國家看得到民眾邊跑步邊撿垃圾。臺灣這兩年也有人發起潛水時邊撿卡在珊瑚礁裡的垃圾。

其實只要我們願意，生活中時時可以為守護環境盡一點心力。

趨勢大師佛里曼對世界的觀察建議

世界著名趨勢專家、《紐約時報》專欄作家佛里曼（Thomas Loren Friedman）二〇〇五年出版了《世界是平的》（*The World is Flat*），立刻成為全球暢銷書，他在書中詳細地分析資訊與網路革命如何剷平了世界，也改變了全球的工作流動，讓開發中國家的中產階級數量快速增加，但是隨之而來的問題是大幅增加世界對能源的需求。

二〇〇八年，他又出了一本《世界又熱又平又擠》（*Hot, Flat and Crowded. Why the World Needs a Green Revolution: and How We Can Renew Our Global Future*），他注意到全球暖化、世界抹平及人口暴增這三大攸關人類未來的現象，已經交錯形成一個複雜難解的威脅，人類也面臨幾個迫切的議題。

首先是能源和天然資源日漸減少，但是需求卻愈來愈高，而且全球財富流入能源生產國和石油獨裁者手中，面對能源匱乏與價格高漲的情況下，地球將分成有電使用的和沒電使用的兩種人。

除了能源之外，氣候變遷也將重創全世界，再加上人類自工業革命至今的環境破壞，將掏空地球的生態地基，佛里曼建議，現代人或許必須像《舊約聖經》裡製造方舟的諾亞（Noah），很努力地保存生物多樣性，才能躲過生態毀滅的浩劫。

這十多年來，智慧型手機快速席捲全球，隨時隨地可上網快轉了生活步調，也加快了科技的進展，更是迅速加大環境的壓力，全球生態系面臨崩潰的臨界點。

佛里曼觀察世界，從世界是平的到世界又熱又擁擠，再到世界是快的，他認為全球化、氣候變遷和科技這三個巨大力量交互作用的結果，正快速重新塑造現代世界，也快速地改變地球的面貌，而人人都無法置身其外。

西元二千年，科技讓更多人可以用更少成本及更多方式競爭或合作，佛里曼為這種趨勢取個很容易理解的名詞「世界是平的」，因為所有人都可以接觸到以前無法接觸的人。

二〇〇七年開始出現的智慧型手機、雲端、大數據及ＡＩ技術，這些科技讓我們能以很簡單的方式處理很複雜的事情，比如只要在手機輕輕一按，就能叫計程車，付錢給計程車，還可以給司機評分，這一切過程只要輕輕一按通通搞定，把複雜全部抽離隱藏起來了。

現在，佛里曼認為世界進入第三階段，從平的、快的進入到深的和通靈的。只要使用這些方便的科技，我們的心理特性就會被掌握，ＡＩ將比我們自己還了解我們，想買哪些食品、雜貨、藥品或任何需求，科技會通靈般預知我們的一切。佛里曼對此提出幾項建議：

首先，氣候變遷全面影響我們生存的環境與生態，關鍵字已從「以後」變成「當下」，也就是說，無論你關注的議題是什麼，現在就要趕快行動，否則就來不及了。

至於全球化的影響，從相互連接的世界變成相互依存的世界，產生一種很弔詭的現象：「你的朋友可能比你的敵人早消滅你；而對手的衰弱會比對手的崛起更加危險。」

科技的進展讓機器和人一樣可以學習與推理，甚至進而操控人類，因此企業必須能夠使用ＡＩ與大數據，擁有預測、客製化及自動化的能力，否則就可能被淘汰了。

佛里曼建議不管是企業、國家或個人，面對這個巨變的時代，需要具備兩種能力，一是復原力，因為挫折與失敗是必然的；另一是推動力，要主動選擇與行動，而不是被改變推著走，或是期待這些劇變會消失不見。

但是如何才能擁有復原力和推進力，佛里曼認為應該向大自然學習，他提出八種生存策略。

首先是適應力，演化形塑地球的面貌，最終存活下來的不是最強大、最聰明的，而是最能夠適應環境的。

第二是大地之母有創業精神，自然界中只要出現空白處，就會創造出一種完全適應那個地方的植物或動物來填補。

第三是多樣化，所有地方都用許多物種來測試，最適合環境的存活下來，而且最多樣化的生態系統是最具有復原力和推進能力的。

第四是永續的，自然界裡沒有任何東西被浪費，所有物質永遠可循環再利用。

第五是複雜化，自然界所有個體（包括土壤、植物、動物等）都會彼此共同建立某種連結關係，最終形成複雜的適應方式，這種複雜化也最具復原力和推進力。

第六是大自然是混血且非正統的，自然界沒有教條主義，透過突變來接受任何嘗試與變化，永遠在實驗與測試中。

第七是終身學習者，透過突變產生新的基因組合，並且立刻拿來應用，大自然永遠在學習與行動應用中。

最後是大自然相信破產原則，會立刻殺掉所有失敗作品，將資源與能量重新運用，用來滋養成功的產品。

聯合國二〇一五年提出永續發展十七項目標，提供每個民眾、企業與國家可以執行的行動項目，這些幾乎就是佛里曼建議的具體展現，而且就如他所說的，關鍵字已從「以後」變成「當下」，現在就要趕快行動，否則就來不及了。

PART 2

慢行生活珍愛自然

吃全食物健康又環保

食物浪費是近年國際上很夯的議題，除了產地和賣場就被丟掉的食物外，臺灣丟棄的廚餘中，百分之九十是菜葉、果皮等尚未烹煮的生廚餘，這些我們不習慣吃、被扔棄的皮與葉子、根、莖，大部分比煮食部分含有更高的營養價值呢！

這幾年被醫藥營養界發現或研究的植化素，對身體的保健與抗老功能比過往我們強調的各種維生素或其他成分，高了不知多少倍，可惜的是，絕大部分的植化素都存在於那些我們不吃的果皮與菜葉中。

為什麼會有植化素？因為植物無法躲避強烈陽光紫外線的照射，而且無法藉由移動來躲避敵人，為了自我保護而演化出各種化合物來對抗細菌、霉菌、真菌、昆蟲以及各種會吃它的動物，這些植物的合成物通稱為植化素，種類超過一萬種，大多數存在於包裹植物軀體最外層的表皮來保護它自己。

植化素主要包括三大類：

第一種是多酚，包括巧克力的可可酚和綠茶的兒茶素及蔬菜的花青素，是對人體有益的抗氧化物。

第二種是硫化合物，大蒜、芥末這類刺激性植物含有許多，具有促進血液循環、預防心血管疾病等功能。

第三類是海藻和菇類蘊含的多醣體，也有強大的抗氧化力。

蔬食中的辣味、酸味、苦味都是不同植化素的刺激性味道。大蒜含有屬於植化素的蒜胺酸，切或磨得愈碎，蒜胺酸愈容易轉變為蒜素，對人體可發揮抗菌、抗癌、增強體力等效果。

番茄含有茄紅素，抗氧化是β胡蘿蔔素的二倍，和油脂一起攝取能提升茄紅素的吸收效率。

許多植化素被堅固的細胞膜包住，加熱煮過能破壞植物的結構，植化素比較容易被我們的身體吸收。

很多專家主張要吃「全食物」，也就是把食物的每個部位都吃下肚。我們通常丟棄的蔬果外皮或根莖，往往才是植化素含量最高的部位，假如能夠的話，想辦法烹調那些我們不習慣食用的部分，既健康養生又環保不浪費。

作家詹宏志曾回憶小時候媽媽會把鳳梨皮和鳳梨心熬煮成茶，甚至西瓜皮也能變成一道美味佳餚。以前的人愛物惜福，會把食物做最妥善的利用，比如透過醃製，就可以把較硬或較辛辣的外皮變得可口。

也有廚師建議，那些棄置的葉片與果皮可以打成泥，而口感比較硬的梗或菜心，可以切片後切成細絲下鍋拌炒後，搭配其他食材一起吃。南瓜的籽和囊剁碎後加上蛋與飯，就變成美麗又可口的蛋炒飯。甚至吃剩的蝦殼、蝦頭，含有豐富的鈣和甲殼素，可以油炸後剁碎入菜，或是蝦殼洗淨熬成湯底也很美味。其他大部分的水果皮都可以想辦法再利用，賴清德副總統亦曾提供香蕉皮入菜的烹煮方式。

這些年來以醫師的身分從事環境保護的工作，我深深體會到，只要對健康有益的，對環境也一定好；同樣的，對環境友善的，對健康也一定有幫助。

當我們不再汙染土地與空氣，虔敬地領受又不浪費自然賜予的食物，就不必買一大堆昂貴的保健食品來增添身體或精神的額外負擔，身心健康了，同時省下龐大的醫療資源。

從剩食饗宴到蔬食減碳

每當〈少女的祈禱〉音樂聲響起，家家戶戶出門倒垃圾，並順便與鄰居聊天交誼，這是臺灣獨特而溫暖的風景。

除了倒垃圾之外，大家也習慣提著小盆子往車後掛著的廚餘桶倒剩食。據統計，臺灣一天的廚餘量有四萬桶，高度足足可以堆出七十棟臺北一〇一大樓。

食物過剩的浪費與饑荒問題同時在世界上發生，因此避免食物浪費已成為全球關注的話題。德國紀錄片《嘗嘗剩食》指出，每天烘焙的麵包是需求量的百分之一百二十五，也就是至少有二成以上的麵包被丟到垃圾桶。

歐盟每天丟掉九千萬噸食物，但只要三百萬噸的麵包就能供應整個西班牙。食品業與通路市場常常無法準確預估消費者想吃什麼，很多食物根本沒有被購買就丟棄，而且大型連鎖超市因上架排列展示，或者包裝運送的需求，對於各種食物的大小都有嚴格的規定，比如歐洲主食馬鈴薯只收直徑三・五公分到四・五公分的作物，產地的農夫只好把不符合大小的馬鈴薯丟掉。

總之，食物浪費是從產地、銷售通路到消費者本身，每個環節都存在問題。這幾年透過網路社群媒體的便利性，世界各大城市都有許多臉書社團或專頁在分享食物，甚至隨著環保意識的普及，很多超市特別開專櫃銷售「醜蔬果」或「格外品」，全世界第一家專門賣剩食的超市也在丹麥開幕。

根據環保署統計，臺灣每年丟棄近三百萬公噸的食物，足足可以讓全臺灣二十多萬家中低收入戶吃二十年。如何妥善運用通路商店的即期食品成為很多公益團體的努力目標，二〇一一年，臺灣全民食物銀行協會成立，向業者募集即期與生鮮食品，然後分送到全臺三百多個配合的社會福利機構，每年食物銀行拯救了一百多萬噸食物，幫助十多萬個民眾。

二〇一四年有個年輕人發起了「石頭湯」計畫，呼籲社會大眾將冰箱裡多餘的食材捐出，再由志工煮成溫暖美味的粥或湯，然後發送給街友享用。

只要我們稍微留心一點，就可以把家裡的剩食減低，若是能盡量蔬食，廚餘的量幾乎可以降到最低，因為居家就可以用植物性廚餘做堆肥。

多年前曾有團體響應國外推動「週一無肉日」，有研究指出，只要臺灣全部的人吃一天素食，就可以減少五萬六千五百公噸的碳排放，相當於一百三十二座大安森林公園一整年的碳吸收量，減少吃肉，除了對健康好，也是善待地球最簡單可行的方法。

為了吃肉，全世界的畜牧業對全球熱帶雨林的傷害太大了，比如說，為什麼這些年雖然全世界都很關注永續發展，但是森林的破壞卻沒有隨著淨零碳排喊得滿天響而有所改善？主要因素來自畜牧業。

單單二〇一八年就有一千二百萬公頃的森林遭到夷平，相當於每分鐘被焚燒或砍伐掉三十個足球場的面積，其中三分之一是原始森林。

二〇一九年到二〇二〇年，全球有百分之十二的熱帶原始林被砍伐，情況不但沒有改善，甚至還加速惡化。以我們鄰近的印尼而言，原本印尼的環保法規定，每座島嶼、每個河川流域或原始雨林在開發時，至少必須保留百分之三十的面積，但二〇二一年卻廢除了這項條文，同時大幅放寬在林地採礦的申請。

全世界熱帶雨林的砍伐，主要是生產四種產品，牛肉、黃豆、棕櫚油，最後才是取用木材。尤其為了生產牛肉砍伐森林供牧場種植飼料，破壞的森林面積是其他三種需求總合的二倍以上。

看來吃牛肉對自然生態的危害太大了。或許我們可以開始降低對牛肉的依賴，也降低對環境的破壞，這是我們能夠為後代子孫做的一點事。

讓循環再利用成為生活習慣

古時候有個民間習俗，嬰兒出生時，父母會挨家挨戶向鄰居祈求一塊舊布，然後用收集來的數百塊舊布縫製成嬰兒的衣服，稱為百衲衣。據說能保佑嬰兒平安成長、長命百歲。這個傳說很令我感動。碎布縫製的衣服應該沒有什麼特別的魔力，特別的是衣服聚集了眾人的祝福，穿在小孩身上，他們也能體會到自己領受了多少人的善意，豈會不善自珍重？

二十多年前，雙胞胎女兒ＡＢ寶出生，我和太太就決定不幫她們買衣服，除了貼身的內衣褲之外，其他衣服都是我們廣發英雄帖，向親朋好友們募集來的二手衣，直到她們上大學之前，沒有買過任何一件新衣服。

她們後來也發現，別人送的衣服品質、款式都非常好，每個人都把衣服清洗、整理得很好之後，才會送給我們，而且非常開心這些衣服有人能接收。很有趣的是，那些衣服原主人的大哥哥、大姊姊看到ＡＢ寶穿他們小時候穿過的衣服，都會對ＡＢ寶有份額外的親切感，也會特別照顧她們。

孩子成長的速度非常快，衣服穿一季沒多少次，隔年就穿不下了，購買時很貴，但擺在家裡用不到又太占空間，直接扔掉似乎又捨不得，難怪朋友把衣服送給我們時那麼感謝，因為幫他們解決了一個大難題啊！

現代的衣服要穿破是很不容易的，ＡＢ寶接收的二手衣穿不下時，老婆大人清洗整理後，又再傳送出去，沒有說明，也不看出這些是三手衣呢！

每個家裡一定都有用不到的衣物、電器，找時間整理一下送給需要的人，是皆大歡喜的事，也是個人生活中就可以做得到循環經濟的行動。

五年前臺灣有個調查發現，平均每個民眾的衣櫃裡擁有七十五件衣服，其中有二成衣服，也就是十五件是幾乎沒有在穿的。

這兩年避疫在家期間，許多人有時間進行斷捨離的清理工作，首先遭殃的就是這些多餘的衣服，以往很多人會把舊衣服丟到街頭巷尾的舊衣回收箱，但大家有沒有發現，這些回收箱十之八九不是被移除就是封起來了，因為這些年國外的舊衣需求不如以往，而且全球壟罩在疫情之下，貨運缺船、缺櫃，原本的回收單位已沒有地方可以消化滿倉庫的舊衣，只好停止接受回收。

舊衣服之所以會這麼多，全世界的快時尚品牌是罪魁禍首之一，這些服裝公司超量製造、超量傾銷取得最低成本，以非常便宜的價格吸引消費者，再加上網購的便利，不知不覺隨手一滑就買了一件又一件不見得會穿的衣服，又自以為不要的衣服是捐給需要的窮困人家，做善事又環保，所以心安理得地不斷買、不斷丟。

以前這些舊衣服的確會出口到非洲或經濟困難的國家，但這些價廉物美的二手衣卻傷害了當地的服裝產業，除了導致大量失業人口之外，也無法以基礎的民生工業發展國家的自主能力，假如一個國家連最簡單的半手工業都無法自行發展，如何循序漸進地升級到較複雜的工業，無法創造出完整的產業體系，人民與國家就永遠處於窮困、必須受人濟助的處境。

二〇一六年由六個國家組成的東非共同體宣布，二〇一九年起禁止國外的二手衣輸入。很可惜的，在浪費成性的美國施壓下，只有盧安達政府堅持該項禁令，其他五個國家都妥協了。

快時尚造成的資源浪費與環境汙染，近年來已引起廣泛關注，法國政府開出第一槍，二〇二〇年二月通過「反浪費與循環經濟法」規範了服裝、食物、藥材、建材、電子產品等物品的回收規定，強制要求製造商或通路必須對產品的最終處理負起責任，同時不能隨意丟棄或銷毀未售出的全新產品。

對於個人來說，不會再穿，或者變胖、變高而無法再穿的舊衣服，除了偷偷扔掉外，還有哪些處理方法？近年開始出現的網路二手衣交換或銷售平臺，也許是個方式，當然，如果有時間，親手轉送給親朋好友也很好，然而最好的方式還是從減少購買的源頭做起。

現在有紡織業者發展出回收技術，透過化學處理，抽取舊衣服的聚酯纖維再度利用。也有廠商開發出將舊衣製成固體再生燃料的技術，那麼將來就不再只是將舊衣服送到焚化爐和一般不可回收的垃圾一起燒毀，浪費這些可以利用的資源。

我們生活中使用的任何東西，在生產製造、運送乃至用完後離開我們的視線變成垃圾，每個環節都會消耗能源，而且這幾十年因化學工業的進步，從工廠創造出地球上原本不存在的東西後，大部分很難在使用後回歸成大自然得以循環的天然元素。

不用太高深的數學或知識，只要想到地球上有那麼多人口，每天使用那麼多工廠大量製造出來的商品，地球經過幾十億年才形成的各種礦產，很快就會在我們有生之年用完，在來得及的時候，轉型成循環型永續社會是當務之急。這些年世界各國的確開始投入資源研發，也將循環經濟列為施政重點。

最近看到一篇來自韓國的另類循環經濟的有趣報導。韓國蔚山科學技術院的環境工程教授趙在元，發明了一個獨特的廁所，人們大便之後，便便被馬桶真空汞吸到地下室的「糞塔」，裡頭的微生物將便便分解為甲烷，然後燃燒發電，供應給這間廁所在內的整棟建築。

一般人每天排便量約五百公克，轉換成甲烷後，能夠產生〇．五度的電力，或者供應汽車開一公里多。其實用便便發電不是新科技，而是很早以前就有利用的沼氣，屬於生質能的來源之一。

的確，循環經濟裡有很多概念與做法要向老祖先取法，畢竟一百多年前沒有垃圾的概念，我們使用的任何東西都可以回歸大自然，在地球這個大封閉系統裡循環再利用。

趙在元教授這個裝置比較特別的地方是將循環經濟融入小區域的日常生活中，不必額外花力氣收集運用。同時，他想藉此扭轉大家的觀念，為人人避之唯恐不及的廢物創造出立即的金錢價值。

比如學生每使用一次這個廁所，將便便貢獻出來，用手機掃描門口的 QR Code 之後，可以賺到十個虛擬幣，大約等同新臺幣十二元，可以用這些虛擬幣在學校裡的商店購買咖啡、泡麵、水果和書籍，也可以在學校附設的中醫診所看診，最近更與校外的商家合作。

只要各行各業肯動腦筋，相信進步的科技與發明能夠讓循環經濟的運用擴展到生活每個領域，讓垃圾這個概念逐漸從我們的生活中消失。

滿足這樣就好的低量商機

曾有很長一段時間，「便宜又大碗」是消費者的優先選擇，因此廣告中常出現高CP值（性價比）的宣傳詞，划不划算在過去是決定購買的重要因素之一。

但時代的風向變了，「夠用就好」已成為消費者新的生活價值觀，從低卡、低糖、低碳減塑、低量、減量這些名詞幾乎出現在所有商品的行銷宣傳上，就可以感受到這個新風潮。

比如說，前些年日本推出容量只有一百二十毫升、連半杯水都裝不下的超迷你保溫瓶，原本沒人看好的產品卻超級熱賣。強調一次只能煮二碗飯的小型電鍋，滿足單身或不生孩子的夫妻所需，銷售量也是一般機種的五倍以上。日本著名的吉野家連鎖餐廳推出小份的牛丼，也成為熱銷產品。

以前貼身攜帶的皮夾，裡面除了收納紙鈔、信用卡、名片、零錢之外，還可以塞下許多發票、收據。但是，現在推出的皮夾產品卻只有名片夾大小，強迫消費者養成隨時整理發票和單據的習慣，因為小小的隨身皮夾不再是堆置各種單據的空間。

追求夠用的心情背後，代表了不願過度消費已成為現代的主流價值。近年隨著「斷捨離」的流行，企業似乎也在思考「極簡」的力量，從賈伯斯（Steven Paul Jobs）打造 iPhone 極簡又顯高貴的外型，強調減法哲學的「極簡力」思考，也是時勢所趨吧！

尤其在這個過剩的社會，什麼東西都太多了，訊息太多、商品太多、功能太多，全世界所有的企業、社交平臺上的人，無一不想吸引你的注意力，愈多元的意思就是愈複雜，我們的大腦與心神早已乘載不了這麼多擺在眼前「任君選擇」的無數可能性。

多年來各種心理學實驗一再證明，過多的選項反而讓我們的滿意度下降，而不是更快樂。比如日新月異的各類電子產品雖然可以創造出十種、二十種，甚至更多使用功能，但是我們常用的、會用的，主要還是固定的幾項功能。何況現在消費者還沒想到的需求，就已被過度滿足，就像一個早已吃飽的人還強迫他吃完桌上的菜餚，即便眼前是山珍海味，也會吃到忍不住想吐吧？

在社群分享的時代，比起功能繁複、品項眾多的加法企業，採用極簡且目標明確的減法企業，反而更容易獲得消費者的好口碑，因簡單明確，容易用語言和文字描述、容易被記住，更重要的是，容易透過社群平臺分享與介紹給其他人；相反的，一個太複雜、太難被具體描述的產品，也很難被分享與推廣。

因此，新的行銷概念已不再是「多了這個很棒」，而是「這樣就好」，不附加太多複雜的機能，只留下最基本的功能，突顯商品的本質。

《極簡力》這本書裡介紹了二個很有趣的例子。

一是鶴岡市立加茂水族館。這是個小型水族館，場地小、經費有限，無法展示品類完整的水生動植物，於是選擇只展示水母這種動物，其他水族館必備的海豚、企鵝或漂亮鮮豔的熱帶魚通通沒有，整個水族館只有各式各樣的水母。

水母壽命不長，平均為四、五個月，如何繁殖是一門學問，克服技術瓶頸後，整個水族館到處都是大大小小、各式各樣的水母，優雅地飄浮在水槽裡，很具療癒的效果，因此一炮而紅，而周邊商品也帶來更多收益。

另一個例子是一間兩人專用旅館「時之宿．菫」，顧客只限定為夫婦、朋友、情侶，成年的親子等組合，不接受單身以及三位以上的客人，連二對夫妻一起來也不行，而且這間旅館總共只有十個房間，一天最多只能接受二十位旅客。

更特別的是，房間沒有電視與時鐘，旅館也不需要設置會議室或宴客廳等公共空間，也沒有唱卡拉ＯＫ等休閒娛樂的設備，溫泉浴池裡沒有嘈雜擾攘的聊天或嬉鬧聲，整個旅館只有蟲鳴鳥叫、風聲與流水聲，充分展現寂靜的價值。

對於旅館來說，因客群明確，省去許多設備與業務，整體營運成本可以大幅下降，而服務人員也能夠全心全意就兩人組的房客特性來設想，服務品質因此大幅提升，顧客滿意度當然也提高了。

當然，有人會想，假如極簡是當下潮流，為什麼企業一直往集團化發展，透過併購或不斷增資而長成超級巨獸？

沒錯，在全球化時代，大者恆大是個定律，但是集團變大後是朝多角化發展，也就是創造出多種品牌，而每個品牌還是漸漸朝向「極簡」來突顯特色。

簡單不只是一個時代的風格，而是人性，我們需要去除旁枝末節，把握最核心的東西，然後放大再放大，才能在這個過剩的時代看見真正值得在乎的事物。

在家裡度假辦聚會

搬到山上定居二十年來，星期假日愈來愈少出門了，除非一定得參加的活動或拒絕不了的邀約，否則我寧可留在家裡度假，待在家裡比出門舒服，而且好玩。

住在都市的人放假時，通常選擇到郊外走走，而我本來就住在山裡頭，不用出門舟車勞頓就能接近大自然，況且我喜歡的休閒娛樂，不管是看書或看電影，在家更方便，因為老早就把家裡打造成圖書館兼電影院了。

這種「御宅族」和過去負面形容的「繭居族」已大大不同了，以前「宅」似乎是與人群格格不入的怪胎，而現在轉變成為重視品質、追求美好生活的新時尚，布置得舒適、富有個性的居家空間，除了是寵愛自己的投資，更是與人分享、社交聯誼的舞臺。

聽說現在流行邀約朋友到家裡吃飯，三十年前，我就開始在自家辦讀書會，讓各種場合認識結交的好朋友能在家裡互相認識，將朋友的人際網絡串連成網狀。一九九〇年代讀書會很興盛，但絕大部分團體都是包下外面餐廳或借用辦公空間的會議室或租用教室，很少像我一樣在家裡舉辦，有時還供餐。

我在一九九〇年元月開始舉辦的另類讀書會，比較喜歡把它定義為「讀人、讀世界」，當然，這也是廣義的閱讀，也是閱讀的可能性之一。

我把每次往往長達五小時以上的讀書會分為三個階段，以中間的專題討論為核心，前面有小型分享，後面有主題式秉燭夜談當壓軸。

這個讀書會辦了十多年，凝聚了一百多個家庭的向心力，彼此成為終生相伴的好朋友，也促成了荒野保護協會的成立。

隨著大夥的年紀愈大、工作愈忙，沒有那麼多時間與精力徹夜長談，於是轉型成電影讀書會，輪流在不同夥伴家裡舉辦，這些實體聚會在拓展自我視野之餘，也能結交到一群好朋友，我相信這是網路讀書會很難達到的好處！

目前每個月持續舉辦的電影讀書會就像任何聚會或社團一樣，有個發起人（召集人或聯絡人），但每次聚會另找負責主持討論的人，輪到的人要負責挑影片，輪流的好處是讓每個人都有參與感，而且影片的選擇會更多元、更有趣。

聚會的地點都是在私人空間，一則沒有場地經費的開銷負擔，也免除收錢和出錢的麻煩，同時在居家空間比較溫馨自在，沒外人干擾也沒有時間壓力。我們的電影讀書會，二十多年來都是在夥伴家舉行，輪過七、八個人的住家。

影片的討論很有趣，同一部片子每個人看到的點、關注的面向，甚至每個人的詮釋都不太一樣，透過討論可以更加了解一個人，這些理解也許比和朋友一起吃很多次飯、喝很多咖啡，更能深入觸及心靈層次。

若你家有客廳或起居室就可以試試看，從邀請親朋好友開始，讓朋友的聚會不只是聊別人的八卦是非，而是帶來心靈上的交流與成長。

從我主辦的讀書會到後來成立荒野保護協會，然後搬到山裡居住。擔任荒野保護協會志工幹部的十多年間，更是把家裡的空間開放出來，幾乎每個週末假日都有在家舉辦的活動，人來人往。在家辦活動的好處是能省下場地費，大家沒負擔，而且氣氛溫馨，聚會沒有時間壓力，聊天也不必像在餐廳那樣，吵雜干擾多，較難有深度溝通。

持續多年後，周遭的朋友都感受到在家裡聚會的好處，這十多年來，朋友們不管搬家換屋、重新裝潢房子，都會將廚房、餐廳和客廳合成開放空間，然後留一張超大桌子方便多人同時用餐或聚會。

仔細想想，自從結婚後，就很少和朋友約在餐廳聊天，大多是到彼此的家裡聚會，只有和初次見面的朋友談公事，才會約在餐廳或咖啡廳碰面。

原以為我們這個世代才會將「買房、結婚、生子」視為人生理所當然的過程，重視「家」的空間，但現在赫然發現，全世界都流行在家裡度假，不管什麼年齡層，甚至出生於所謂千禧世代不結婚的年輕人，比其他年齡層的人更喜歡待在家裡，美國紐約的媒體曾諷刺說他們是「最強沙發馬鈴薯世代」，不配住在紐約這個多采多姿的城市。

這樣的批評其實不公平，如同我的兩個千禧世代女兒，雖然假日和我一樣不喜歡出門，與朋友開會或聊天寧可用網路視訊，她們在家就可以搞定絕大部分以前必須出門處理的雜事，但她們也不是真的只會宅在家裡，而是對出門參加活動要求的品質更加嚴苛，有非出門不可才能獲得的體驗才會甘願出門。

看來這股風潮在可預見的未來，大概是回不去了，這個趨勢將會翻轉消費方式，也對辨線上或線下活動的單位形成更大的壓力與挑戰，當然，對每個人來說，生活有更多選擇，也將更有趣了。

搭臺灣好行遊臺灣

疫情期間的三年不能出國旅行，你在臺灣採取什麼方式旅遊呢？

以前，為了行動的方便與自主性，我幾乎都是自己開車，但是這十年來，若與朋友一起旅行，我們大多是選擇大眾運輸工具或租遊覽車，到定點後就盡量用徒步行走的方式，一步一腳印走在這塊土地上，換句話說，我們不再只是拍照到此一遊，不再路過，而是走入風景裡。當然搭大眾運輸工具也符合低碳節能的心意。

除了和朋友以徒步為主的「蝸行」之外，老婆大人四年多前退休，我有了伴，只要在外縣市演講之後，就多留下幾天順便旅行。

這時我們除了騎自行車在鄉鎮亂晃之外，也會善加利用臺灣好行的景點接駁這個很方便的服務。

除了可以單純當作從城市節點（火車站、高鐵站、機場……）到達觀光景點的交通工具之外，臺灣好行還發行一日票、二日票或三日票，有點像出國旅行到世界各地著名觀光城市的旅遊券一般，買了這種票，在期限內可以無限次數搭乘相關的交通工具。臺灣好行除了縣市行政單位之外，以全臺灣九個風景管理處為範圍，規劃了六十一條路線，搭臺灣好行就可以串聯許多景點。

比如說，有一次到臺中演講之後，就搭臺灣好行直接到溪頭，住一晚走走步道，第二天再搭臺灣好行回到臺中高鐵站搭車回家，非常方便。

臺灣好行的路線中，我覺得金門規劃得最好。金門共有六條路線，最特別的是，每輛車都配屬專業的解說員，每個風景點都帶著遊客詳盡地解說，內容專業，態度又熱情。金門雖然不大，但是這六條路線，每條解說導覽的時間扎扎實實地有三個半小時左右，半日券二百多元，全日券四百元，二日券七百元，真是物超所值。

疫情期間到金門演講，觀光客很少，但是臺灣好行照常出車。第一天全車只有六個觀光客，第二天只有四人，到第三天我們參加的行程，全車只有我和蘊慧兩人，等於我們包車外帶一位專屬解說員。據說，除了金門，澎湖、馬祖的臺灣好行也有解說員的導覽服務，強烈建議大家到離島旅行時，不見得只能自己租摩托車到處亂逛，可以選擇臺灣好行來趟深度旅遊。

比如說，週六我們參加的風獅爺主題路線，上午看了三十多尊風獅爺，下午我去演講，蘊慧繼續下午的行程，把剩下的二十多尊全看完了。有些風獅爺位在小麥田中、或小巷弄裡、或人家的庭院中，若沒有專人導覽及開車，一天之內，要靠自己找到金門所有的風獅爺，幾乎是不可能的任務。

定點深入旅遊已是時代趨勢，既然是定點就不必自己開車，下次就試著搭乘臺灣好行吧！

把故事穿在身上、提在手上

時代風潮真的改變了，日本著名快時尚品牌優衣庫（UNIQLO），最近開始打著永續環保之名，推出二手衣或破損衣服的回收、修補與再販售。

原本主打平價的服飾經過修補後，反而賣得更貴。比如一件破損的休閒上衣，用精美刺繡圖案修補後，以原本全新價格高出將近一倍出售，除了環保的價值外，人工修補之後反而成為獨一無二具有特色的衣服，當然有理由賣得更貴了。

類似這種衣服修補的服務，也已進駐歐洲許多百貨公司裡，因為他們有錢的客戶爭相追隨潮流，永續已成為時尚的象徵。比如英國高檔百貨公司塞爾福里奇（Selfridges），從二〇二〇年進行一項地球計畫，展開二手物品的銷售、維修與出租的服務。

一走進百貨公司，整排人型模特兒身上展示的都是二手衣物，你也可以拿壞掉的鞋子到修理部門，有工匠幫你修好，用完的香水瓶也可以請店家幫你補滿精油。

二〇二〇年開始時，拿鞋子來修的數量整年只有幾百雙，二〇二一年時，就已超過一萬雙，成長速度非常快，其中男性運動鞋的修理需求特別高，也最受歡迎，看來只要有管道，每個人都願意為永續的生活盡點心力。

全世界有愈來愈多利用二手衣、二手牛仔褲再製生產的潮牌，每件價格不只比全新的商品貴，甚至到數萬元高價，打破了二手衣就是很便宜的刻板印象。

這些二手產品除了品牌與潮流附加的價值之外，手工改造的確也增添了製作成本。比如臺灣知名的婦運團體——婦女新知基金會和企業合作，回收二手牛仔褲做成衣服、包包或筆電包。

一件二手牛仔褲拼成的外套，需要一個專業裁縫師花上三到四個工作天才能完成，這件二手衣物已經算是藝術品等級了，願意花數倍價錢購買的人，不只是讓衣櫃多了一件衣服或讓地球上少一點垃圾，而是透過這件衣服或包包來表達自己的價值與立場，同時把故事穿在身上。

利用回收衣物做成商品再販售並不稀奇，竟然連我們隨手丟掉的塑膠袋，也能變身成為賣價超過七千元的名牌包，不得不令人感嘆環保永續真的是時尚主流。

取名為Any bag的塑膠手提袋是紐約著名的公園大道國際公司所製作的，他們回收人們丟棄的塑膠袋，裁剪成長條狀，放進織布機裡織成塑膠布，再用再生的塑膠布製成手提袋。

二〇二一年，他們蒐集到五十八萬個塑膠袋，平均一個Any bag需要九十八個塑膠袋，總共製作出約六千個手提袋，成為紐約時尚名流的愛用品。

荒野保護協會臺南分會與高雄分會的志工們，正推動將不要的T恤改造成購物袋贈送菜市場攤販的行動。

每個家庭一定都有大量穿不下、破舊等待丟棄的T恤，尤其孩子成長很快，每年都會產生好多件穿不下的T恤。這群志工回收這些衣服，消毒並清洗乾淨之後，用簡單的幾個步驟改造成方便好用的布提袋。

志工們將這些布提袋贈送給市場攤販，以降低塑膠袋的使用，消費者可以隨身帶著這個方便收納且耐承重的布提袋上街購物。

二〇二二年七月，我在荒野保護協會第七屆環境行動論壇裡，聽到這群志工小規模試辦的過程，大為驚豔，覺得應該大力推廣，以更有組織、更有規模的方式訓練志工與持續推動。

不過整體而言，透過手工再製，希望降低「快時尚」大量生產衣服的氾濫，實質效果還是很有限，畢竟每年世界快時尚的品牌服飾已等同環境的快汙染，數量已經龐大到必須以商業機制來處理才能解決問題。

比如一方面透過科技研發，把廢衣重製成纖維原料，另一方面透過法規或消費者的力量，要求品牌及製造商使用回收的材料。目前愛迪達已宣布在二〇二四年時，所有聚酯纖維都要使用回收材料，而快時尚龍頭 H&M 也承諾，二〇三〇年之前會全面使用環保永續的材料。

衣服布料混紡的比例五花八門，往往是由多種材質混合，再加上每一件衣服顏色的染料都不同，回收再製成原料的困難度很高，但是只要經濟的誘因夠大，科技研發的技術繼續改良，一定能提升回收比例，同時降低處理成本，以目前全世界不斷出現的新技術與企業投入的轉型，舊衣再利用的比率相信會逐漸改善的。

隨身攜帶手帕，既環保又衛生

絕大部分的人已養成離開房間（或座位）前會先檢查手機有沒有隨身攜帶的習慣，而我使用手機的時間沒多久，尚未養成這個習慣，這五十多年來，我離開家門之前一定會檢查口袋裡有沒有帶上乾淨的手帕。讀小學時，老師在每天第一堂課之前一定會檢查學生有沒有帶手帕、衛生紙，不知道是老師太認真，還是我太乖，想不到小學老師的要求竟變成我一輩子的習慣，若我出門在外沒帶手帕，簡直就像沒有穿衣服一樣不自在。

忘了是股神巴菲特（Warren Edward Buffett）還是他的合夥人講過，他這輩子投資的原則在小學四年級前就學到了，曾獲得諾貝爾文學獎的日本作家大江健三郎也說過，他這一生所該學的重要人生啟示，幼稚園老師都教完了。看起來，幼稚園及小學老師真的很重要。

之所以想起隨身攜帶手帕這件事是看到最近的一則新聞。媒體報導了國內外的研究發現，公廁裡的烘手機因通風不良及設計不當，使用烘手機後手上殘留的細菌數是擦手紙的三至五倍，而且烘手機後周圍一公尺內的細菌會增加為原先的六到二十七倍，烘手機底部殘留的水滴適合病菌孳生，熱風吹出，病菌跟著擴散，這些飄散的病菌懸浮微粒可能讓其他上廁所的人有染疫的風險。

廁所如果通風不良，宛如是病菌的培養皿。臺灣有項隨機抽樣調查，在醫院、百貨商場、捷運站等使用頻率高的公廁，居然有百分之八十屬於通風不良的狀態，只要有帶原者進公廁，產生的飛沫、排泄物沖水噴濺或無蓋的垃圾桶，都會造成病毒停留在公廁中，感染後面進入公廁的人。

這則報導一發布，就有民意代表要求地方政府立刻重視此事。烘手機使用電力，似乎比擦手紙環保又容易清潔維護（不用時時處理垃圾），因此許多賣場或公共設施的廁所，近年已逐漸安裝烘手機。

會不會在這則報導之後，烘手機又換回擦手紙？若是擦手紙不環保，烘手機有風險，為什麼大家忘記了還有手帕這個東西呢？

既環保又有公德心，又是最安全的——上完廁所洗完手，迅速離開廁所，掏出口袋的手帕擦乾自己的雙手，這很難嗎？這些年我不只隨身攜帶手帕，還帶二條，一條擦手、一條擦臉上的汗。

有些好奇現在的幼稚園和小學老師會不會每天檢查學生有沒有隨身帶手帕?當老師的朋友能不能解答我這個困惑?如果沒有，到底在哪一年開始，學校就不再有這項檢查呢?

廁所的風險除了烘手機及通風不良之外，還有一種「糞口傳染」的疾病往往也是在公廁裡散播開來。若病菌是靠糞便來傳播，那麼染病的人十之八九會肚子痛、拉肚子，當一個人在外辦事或在餐廳吃飯，肚子痛當然要找廁所，同時他的便便一定是稀的，用衛生紙擦拭時，幾乎都會破掉，肉眼難以察覺的汙染物會沾黏在手指上，然後他用手去開廁所內的門把、扭轉水龍頭，就把病菌留在上面，後面使用廁所的人在開關水龍頭或廁所門把時就沾染到了。

現在大多數公廁的水龍頭都改成感應式，避免開關的接觸，而且廁所的門也不用門把，而是直接用腳或肩膀即可推門而入。雖然直接接觸的傳染可以小心避免，但是廁所馬桶在沖水時激起的飛沫與懸浮微粒散布在空氣中，實在很難預防。

總之，公共廁所的通風很重要，我們使用完廁所離開後，要吃東西之前，雙手最好再用酒精消毒一下比較安全。

用正念與慢活紓解壓力

雖然疫情幾乎讓世界按下暫停鍵，強迫日常步調慢下來，但那種被關在家裡因不確定感而引起的焦慮，並沒有讓我們獲得慢下腳步的好處。

疫情緩解，生活逐漸恢復常態後，每個人忽然又忙碌了起來，公司要趕業績與進度，個人生活也要彌補許多擱置的邀約與聚會，頓時出現蠟燭兩頭燒的窘境。

專家認為，現代人之所以常覺得壓力很大、人生空轉，主要是因為太忙碌，總想用最少的時間，完成最多的事情。從早醒來一路忙到半夜，躺在床上還不放心地滑手機，太多訊息占據腦海，事情似乎永遠做不完，手機的藍光刺激加上心情煩悶，導致睡眠品質不良。久而久之，心理壓力連帶影響到生理健康，整個人似乎被隱形的網子罩住，困在無以言說的低潮中。

要忙碌的人「慢下來」是很困難的，並非不安排行程、不處理事情就能放慢步調，那些習慣忙碌的人即使形體慢下來了，腦袋還是不停運轉地思前想後，永遠活在過去或未來而一刻不得閒，他們手裡抓著有如時間的細沙，愈想把沙子握緊，愈會從指縫中流失，就像奔波的人生忙來忙去總覺得一場空。

年輕時，總被許多事情追著跑，常常同時做好幾件事，看似效率很好，但往往就是把事情完成而已，對個別的每件事都沒有餘暇好好地體會及思考。

年齡漸長後，比較沒辦法多工處理，但慢下來一件事做完再做另一件事，反而可以細細體會當下的每個感受。正如修行中往往強調活在當下，認為喝茶時專心喝茶，吃飯時專心吃飯，就是最好的修行。

現代人習慣把時間切成一小塊一小塊地使用，一天裡會安排許多行程，一個事項完成就接著另一個任務，失去了對時間連續性的感覺。

現在大部分人都習慣用手機來看時間，已經很少人使用傳統圓盤式手錶，錶面有時針、分針、秒針，不停走動的指針標示著時間的移動，而時針的速度依據地球轉動的速度，彷彿複製著日月星辰的運作，提醒著地球正在轉動。當我們一瞄錶面，就知道十二小時的全局，知道自己正在通過那個當下。換句話說，手錶是由指針在空間的移動來測量時間，而這時間是連續性的。

學習活在當下，專家建議可以從花十分鐘吃一顆葡萄乾開始練習，這種具體可操作的練習是為了突破日常的習慣，做覺察力與專注力的體驗式學習，全心全意吃這顆葡萄乾，重新體驗葡萄乾的豐富滋味。

如何花上十分鐘吃一顆葡萄乾？

首先用手指拿起一顆葡萄乾，感受一下手指捏住果乾的觸覺，然後往上感受肩膀和手臂的肌肉情況，是緊繃的還是放鬆的？再將葡萄乾湊近鼻子前聞一聞，左鼻孔和右鼻孔聞到的香氣有沒有不同？然後用眼睛仔細觀察葡萄乾的形狀？最後將它放進嘴巴裡是什麼感覺？咬開之後味覺有什麼變化？口中會分泌出較多口水嗎？

若是每個步驟都慢慢感受、細細品味，可能花十分鐘都不夠呢！這樣的練習可以擴展到好好吃一口飯、好好喝一杯茶等日常生活中。透過這些練習，讓我們從平常無意識的趕路或運動，轉變成有意識的步行、伸展，細細感受膝蓋、大腿，以及全身的律動。

這些是現在很流行的「正念」基礎練習，讓我們比較容易把注意力放在當下的此時此刻，對於正在發生的任何經驗，不管是好、是壞、是悲傷或沮喪，都如實接納。

透過正念來減除精神或生理上的壓力，呼吸練習是最有效的，這二十多年來，已有無以計數的科學實驗證實，單單透過呼吸，把我們的意識放在一吸一呼之間，覺察空氣正在進出身體的細微感受，全然觀照著慢慢地吸氣、慢慢地吐氣，很神奇的，這麼簡單的方法，我們身體壓力的各種指標就能夠非常明顯的大幅降低。

緊湊但不忙碌的生活

碰到許久不見的老朋友，彼此會互問：「最近在忙什麼？」我原本會老實地回答：「最近忙著看書。」看到他們瞠目結舌的表情後，只好照著大家能理解的標準答案來回答：「忙著東奔西跑，到處開會、演講、參加活動。」

想起《小王子》一開頭提到的那個故事，當大人把那幅很可怕地吃了大象的大蟒蛇圖畫看成一頂帽子時，孩子只好講一些他們能理解的事，比如橋牌或股票，而不再提什麼森林、蝴蝶了！

現代人對於「忙不忙」的問話，幾乎已等同古早時親友碰面的「吃飽沒」，單純只是問候、打招呼，並不是真的想聽到答案。

對於什麼是該忙的、值得忙的，或許大家已忙得沒空去想，甚至無法好好地理解自己在忙什麼。比如，若別人邀約你參加聚會，你說：「對不起，我已經和客戶有約。」或者說和美髮師、牙醫師、獸醫師有約，大多可以立刻被理解。若你說：「對不起，我和自己有約，必須去散個步、看本書。」我想大部分的人都會覺得莫名其妙，認為你是個不合群的怪人！但是，我們是否曾認真思考到底哪些事值得付出如生命般珍貴的時間呢？

身處全球化的時代，除了每個人工作的腳步隨著世界運轉愈來愈快之外，因為競爭的劇烈，不管從事任何行業的人，幾乎都是一天比一天忙碌。

總覺得忙碌是溫柔體貼之心的大敵，當一個人陷於汲汲趕路、唯恐落後別人的著急中，很難有心力關心周邊與工作無關的事，更不用說對於弱勢團體或無人代言的受苦眾生施以援手。

多年前曾看過一份實驗報告，學者設計了一些情境來探討時間壓力對關懷惻隱之心的影響。以通常最富愛心的牧師為實驗對象，在他們趕往教堂布道的途中，安排了可憐急需幫助的民眾。實驗結果，只要沒有時間壓力的狀況下，幾乎所有的牧師都會停下來關切；但是布道時間快遲到了，大部分的牧師就視而不見地匆匆經過，而且愈是緊急（比如那場布道的對象或場合非常重要，而且已經遲到了），有的牧師甚至離譜到跨過需要被救助的民眾而毫不理睬。

如果連牧師等神職人員都會因忙碌的時間壓力而扭曲了本性，一般平凡的大眾恐怕更不用說了。

很多年前曾與法鼓山聖嚴法師在電視節目裡對談，主持人在調整燈光的空檔，詢問聖嚴師父：「您平日行程很多，非常忙，請問您如何規劃時間？」

只見聖嚴法師很嚴肅地回答：「我不忙，雖然我行程很多，這二十分鐘在這裡，下半小時在那裡，但是我的心都在，忙是心不在了！」的確，中文字的「忙」是「心不見了」，而「吾心在」則是「悟」。

這一段對話多年來一直提醒著我，忙不忙只是心理上的認知，而以生理學的觀點來看，你不管是坐在書桌前或躺在沙發上，都是消耗一樣的能量，累或不累只是我們主觀的感覺。蘇格蘭有句諺語：「辛勤工作絕不會致人於死，人們只會死於厭煩與壓力。」我們所謂的「累」通常是來自壓力與精神困頓，肉體的疲憊只要睡個好覺就能恢復，但是來自內心的厭倦感往往再怎麼休息也無濟於事。

每個人一天都是二十四小時，一秒一秒到來，也一秒一秒消失，我們唯一能掌握的就是當下，當下也是我們唯一能處理、能運用的時間。不必去想從前已經做過多少事、有多辛苦、多久沒有休假，也不要擔心往後還有多少任務要完成，或是有多長的路要走，因為擔心也沒有用，試著把每個時刻當作全新的開始。

或許我們做不到修行者所說的，在一呼一吸之間休息，但是我們應該能做到，在一呼一吸的每個瞬間去感受、去珍惜眼前相遇的人事物。

除了心靈的修煉之外，當察覺心開始著急時，我會用吐納深呼吸的方式讓自己安靜沉澱下來，我們的心跳、呼吸、血壓是屬於自律神經系統，也就是無法自行控制的，但是呼吸例外，我們可以用深度的腹式呼吸讓亢奮的交感神經穩定，並抑制產生壓力的賀爾蒙，讓緊繃的肌肉放鬆。

人生很多時候真的是人在江湖身不由己，許多事情接踵而來，不得不處理，但是我總提醒自己，行動可以趕，但是心情不能急，一急就會失去柔軟的心、失去感恩的心，也就失去了品嘗生命滋味的餘裕。

用空白填滿行事曆

前臺北市長柯文哲剛上任時，強調他的即知即行，曾講了一句名言：「天下武功，唯快不破！」

的確，在時時刻刻與全世界連線的時代，有人說：「誰也不比誰傻五秒。」過去往往追求完美、面面俱到的工作方式，隨著時代變成「快還要更快，先做了再說」，因此產品從一點零、一點一，每隔一小段時間就推出新版本，相對於消費者而言，就如同搖滾團體「皇后樂團」（Queen）所唱的：「我全都想要，而且現在就要！」

求快像瘟疫一樣，人如同「活屍」上身，幾乎找不到一個人肯用十年或二十年前的速度來過日子，有位主持創意與思考訓練長達三十年資歷的講師曾說：「現在真正的問題是再也沒有人願意為任何事情多等一會兒。當我要求學員花一、二分鐘思考一個問題，結果他們十秒鐘就開始看手錶。」

有些事當然不得不快，比如我們知道別人的耐心愈來愈短，就必須很快回覆訊息，以免得罪人，但是也必須清楚地知道，這世界上有很多複雜的事，甚至可以說，重要的事幾乎都是複雜的事，這些事就不能用快速的解法處理，快速解法從來沒有辦法真正處理任何事情，往往還可能把事情弄得更糟，甚至很多時候比乾脆不處理還糟糕。

比如，前些年全世界最有錢的公益基金會「比爾與米蘭達．蓋茲基金會」，這位世界首富急著想解決全球醫療衛生最大的問題，提供了相當於一百五十億臺幣的資金徵求解方，很快地湧入了一千多項提案，比爾．蓋茲（Bill Gates）在這些提案中挑選了四十五項提供充裕的經費去執行，結果五年後一切回歸平淡，砸下大錢希望快速解決的目標還是沒辦法如願，即使最被看好的方案，距離提出真正解決之道仍有漫長的路途，最後比爾．蓋茲也承認：「我們一開始太天真了！」

的確，任何有意義的創造都需要經過漫長地醞釀，必須長時間浸潤在問題之中，所謂的靈感或創意才能出現。其實我們或多或少有類似的經驗，某些百思不得其解的問題，在洗澡或散步時，突然靈光一現，但是要注意，要有「靈光一現」，之前得經過漫長的「百思」。

比爾．蓋茲與股神巴菲特曾同時接受媒體採訪，記者問比爾．蓋茲：「巴菲特教了你什麼？」

他緩慢而慎重地說：「巴菲特教我用空白填滿行事曆。」這時，巴菲特從衣袋抽出一本比他的手掌還小的日曆記事本，輕聲細語地說：「時間是唯一沒有人能買的東西。」

行事曆中為什麼需要空白的行程？

因為我們必須主動給自己沉思的時間。

行動上網的快速，無所不在的訊息浪潮與提示叮咚響，已剝奪了我們沉思的時間，任何時間、任何地方，我們朝四周看看，除了正急速行走的人之外，多數人都在低頭看手機，幾乎已經看不到放空發呆或沉思的人。

《紐約時報》專欄作家泰迪．韋恩（Teddy Wayne）說：「數位媒體訓練我們成為高頻寬的消費者，而非沉思默想的人。我們立即下載或串流一首歌、一篇報導、一本書或一部電影，看完或聽完它（如果沒有被無限多的其他清單攔截的話），再進到下一件無關緊要的東西。」

人人都只有二十四小時，我們把空檔時間花在這裡，就不能同時花在另一件事上，而且網路的特性養成我們「快還要再快」，一個訊息滑過一個訊息，不自覺地把我們的注意力分割地破破碎碎的，長久下來會耗損我們深思熟慮、同理與反省的能力。

股神巴菲特所提醒的，唯一沒有人能買的東西，就在那瞬間生滅、了無痕跡的訊息中消失了。

手機很方便，網路更是能讓老虎飛翔的翅膀（如虎添翼），但是必須要有自覺地使用，雖然很不容易，但一定要常常有意識地不斷提醒自己，時時刻刻覺知每個當下自己在做什麼。

跟著節氣過生活

對於節氣變化，都市人往往必須透過電視來得知：「大閘蟹的蟹黃大餐上桌了，秋天到了！」或是靠百貨公司換季大拍賣或春裝上市的廣告來報訊，甚至有很多人從每天一早起床，到地下室開車，然後把車停在辦公大樓的地下停車場，一天二十四小時幾乎都處在人工空調的環境裡，對溫度、氣候的變化幾乎無法有明確的感覺。

自從我們全家搬到山上居住後，對於一年四季的變化，感覺上具體多了，而且臥房一面牆有兩片大大的窗戶，另一面牆是面向山谷的落地窗，每天破曉後，陽光就會慢慢地潑灑在床上，不起床都不行，因此這些年也改變了生活作息，依循日月星辰的節奏來過日子。

《寂靜之聲：進入葛利果聖歌的幽微境界》也提醒：「時辰所代表的意義，乃是要我們跟著每日真正的節奏生活，活得極有自覺，在真正的韻律中，我們才變得更真實。」

是的，為了健康也為了找回真實的自己，晚上記得及早關掉電視、電腦與手機，跟著大自然的節奏過日子。

這些年和朋友閒聊時，常常會拋出問題：「二十四節氣，你能說得出幾個？」

「大雪、小雪、大寒、小寒、立冬、冬至……」通常朋友會從這些比較對稱的先回答，然後就是帶有詩意的驚蟄、穀雨、霜降等。

然後我會再問：「中秋是不是節氣？」

「當然不是，那是節日！」

「清明是不是節氣？」

「應該是吧？」

最後到了我真正想問的：「二十四節氣是農曆還是國曆？」

通常十個朋友有九個半會一副你沒知識也該有常識的口氣回答：「廢話！當然是農曆呀！」

「哈哈！節氣其實是陽曆，也就是國曆，日期幾乎是固定的，難道你沒發現？清明節每年都是四月五日，夏至都是六月二十一或二十二，冬至吃湯圓是十二月二十二或二十三日？」

「咦？對喔！清明掃墓每年都是四月五日，可是一直以來，大家都認為二十四節氣是農曆，難道都錯了嗎？」

和朋友擺龍門陣、抬槓時，這是個很有趣的話題。

以為二十四節氣是依農曆的日期來訂是大家習以為常的盲點。所謂國曆，就是陽曆，也就是太陽曆；農曆就是陰曆，也就是月亮曆。地球繞太陽旋轉一圈來計算，真正所需時間為三百六十五天又五小時四十八分四十六秒，我們簡化成一年為三百六十五天，然後累積四年多一天，放在二月第二十九日，稱為閏年。陰曆是以月亮繞地球轉一圈為一個月，然後十二個月為一年，月亮轉一圈大約是二十九天十二分四十四秒，因此，陰曆訂大月為三十天，小月為二十九日，一年只有三百五十四天，所以陰曆不是累積幾年才多一天，它是用閏月的。

二十四節氣是古人將一年分為二十四個段落的一種表達方式，根據的是地球繞太陽旋轉的弧度（而不是月亮繞地球的角度）等分為二十四份，也就是一個圓周三百六十度，每十五度為一個節氣，也就是一個月有兩個節氣。不過因為地球繞太陽的軌道是橢圓型的，有一點傾斜，所以依陽曆的節氣日期會有一天或兩天的變動，不過，與陰曆比較，節氣在陽曆的日期是相對固定的。

節氣的分類是在普遍不識字以及訊息傳播不方便的古代，方便老百姓農耕生活所使用。古代人類在長期的採集或漁獵，以至於進步到畜牧農耕的生活中，發現太陽東升西落、月亮圓缺、氣候寒暑變化都有一定規律，若是善加利用這些天文曆法的知識，對於日常生活有很大的幫助。但這些曆書是供識字、有文化的人看的，廣大的農民大都不識字，所以將這些天候變化的知識變成口訣、諺語，讓大家可以口耳相傳，讓偏鄉的農人也知道什麼時候種什麼作物？什麼時候要注意什麼事？根據二十四節氣衍生了許許多多的諺語，這些諺語簡單順口，方便流傳和記憶，傳統上一直是農民的知識寶庫。

為什麼直到現在幾乎所有人還以為節氣是陰曆，日期不是固定的，必須去看農民曆才知道，主要是以前的人平常過日子用的是陰曆，也就是月亮曆，想知道陽曆的節氣必須去翻查農民曆。民國元年開始使用陽曆，但民間那種想知道節氣，就必須翻農民曆的印象還深深留在腦海裡，不知不覺就根深柢固地認為二十四節氣是依農曆而訂的。

節氣聽起來很浪漫，現在很多行業在行銷時會利用節氣的復古情懷，其實節氣就是提醒我們依春夏秋冬四季的自然輪迴來過生活。

不過，二十四節氣主要是反映黃河流域中下游農業生產與氣候的關係，對於其他地區，有些現象適合，有些就不一定合用了。這種現象我們老祖宗也發現了，所以不同地區流行的諺語是不同的，以種棉花為例，棉花要在攝氏十二度以上才能種，華中的諺語是「清明前好種棉」；華北是「穀雨種棉正當時」；到了臺灣的平地，幾乎一整年大半時候都算是黃河流域的夏天，節氣無法當作農耕的指導。

不過，話又說回來，雖然現代人的日常生活大多已脫離農耕與土地，我們的食衣住行也不完全依循二十四節氣來運轉。但是若能從春夏秋冬周而復始的循環中，體會到自然的節奏，讓自己依時吐納，活在當下，重新看到人與自然萬物及太陽運轉的關係，或許比較容易找到自己的生命節奏，找到安身立命的位置。

自在地悠遊於人群中

大提琴家馬友友曾說：「我之所以能在演出前保持平常心，是因為我已經到了一定年紀，不需要再去證明自己有多優秀的關係。」

年輕時太在乎別人怎麼看我們，為了顧慮別人對我們的評價而活得很辛苦、很勉強，當然也會很焦慮。年齡愈大，一方面如馬友友說的，不必再去證明自己，可以活得愈來愈自在，另一方面是真的體會到每個人都有忙不完的事情與煩惱，根本沒那個閒工夫理你，即便評論你，也只是隨口說說，若在意這些無足輕重的話語，就是和自己過不去。或許如此，街頭上就出現了愈來愈多旁若無人的大媽、大嬸，或號稱無敵的歐吉桑、歐巴桑。

不必在意別人的眼光，才能活出屬於自己的人生。猶太教經典《塔木德》裡有個提問：「假如你不為自己的人生而活，究竟是誰要為你的人生而活？」

每個人都有自己的生命課題，不希望別人介入我們的生活，同樣地，我們也不該介入別人的人生，即便他們是家人、孩子，更不該要求孩子為了滿足自己的期望而活。

不過，人際關係還是重要的，畢竟人的意義與價值必須在和人群、社會的互動中展現出來。《塔木德》中有段話：「假設有十個人，其中一個人討厭你，不論發生什麼事都會批評你，你也不喜歡他。有二個人和你非常合得來，無論如何都會支持你，至於剩下的七個人，並不特別屬於哪一邊，你的焦點會放在那個批評你的人？還是那兩個喜歡你的人？」

我們理智上知道每個人時間有限，應該關注與回應那些喜歡我們的好朋友，但是情感上會被那些不友善的批評搞得很不開心。因此，要讓自己活得開心，就要把我們的關注與心力放在對的地方。

年齡愈大能活得愈自在，除了關注焦點改變之外，更重要的是認知框架的擴大。哲學家尼采（Friedrich Wilhelm Nietzsche）曾提出精神三境界，I must、I will、I am 的觀點，認為「我該（I must）是被動的，我要（I will）代表個人意志的成長，但這不是最高境界。我是（I am）超越前二者，是自我意志的明確定位與新境界之抵達，這是一個全新的開始，一個自主滾動的輪子、一個神聖的肯定。」

這裡所提的肯定是來自內在，而不是索求外界的讚美，這種每個人內在的自我認知是毫不勉強的，也是最持久的力量。

你相信什麼就看見什麼，也會變成你相信的事物，汽車大王福特（Henry Ford）說的一點也沒錯：「你認為你做得到，或者你認為你做不到，你都是對的。」我們打心底認為自己做不到，即使外在表現似乎努力了，但最終還是做不成；相反的，我們真心認為自己做得到，即便外在條件再差，情勢似乎不可為，但內心的相信終究會讓我們達成目標。

想獲得別人的關注與肯定是內心共同的渴望，很多人勤於在朋友的臉書貼文按讚，也不吝於在 Line 上用可愛的貼圖回應，更會把握機會參加各種聚會，因為我們希望有好的人際關係，渴望獲得別人的好感。但是專家說這些刻意的行為或許會讓我們很有人氣，可是不會讓別人真正喜歡我們，而且一味追求人氣，只能帶來短暫虛幻的快樂，只有別人對我們有好感，才能擁有真實而長遠的幸福。

專家認為，和別人互動的過程中，自然而然呈現「真誠、正向、關注」三項特質，才能獲得別人真正的好感。

大多數人或許喜歡別人的討好、讚美，甚至阿諛奉承，但若沒有感受到他的真誠，對那個奉承的人不會產生真正的好感，因為我們討厭虛偽的人，喜歡坦率、能表現出真實自我的朋友。

至於「正向」的意思並不是指一定要生性樂觀才能獲得別人的好感，而是和別人的互動中，彼此能有正向的態度，讓人覺得安心、愉悅，甚至能受到鼓舞。

最後「關注」指在互動過程中是全心全意的，不會一直看著手機，或者心不在焉，想著等一下要去處理的重要事情，當然，如果能與朋友找到彼此共同關懷或興趣喜好，那就更加分了。

研究也發現，我們與別人互動的態度會影響到對方，而對方的感受又會回過來影響到我們，而這種好感能讓對方表現出最好的一面，也願意和我們合作。

有個有趣的研究，研究人員將職場上與我們共事互動的人分為四大類——能力強但不好相處、能力差但很好相處、能力強又很好相處、能力差又難相處，讓受試者選擇。

扣除後兩項幾乎毫無疑義之外（誰都喜歡和能力強又好相處的人共事，都討厭和能力差又難相處的人共事），比較有趣的是能力強但不好相處及能力差但好相處這兩類。

幾乎所有的老闆和主管都認為能力強比較重要，但研究人員進一步探究他們的實際選擇時，卻發現和表面上表示的不一樣，大家還是偏好比較好相處的人。

這個研究結果和我們平常與朋友互動很類似，如果一個人的個性和行為惹人厭，那麼他有沒有能力一點都不重要，因為根本沒有人想和他相處。

這些年我努力的目標是效法德蕾莎修女（Mater Teresia）：「每一個來到你面前的人，總要讓他離去時，變得更好、更快樂。你要做上帝仁慈的見證，在你的面容裡有仁慈，在你的眼睛裡有仁慈，在你微笑裡有仁慈。」

要做到這些並不難，只要提醒自己隨時保持微笑，並記得星雲大師說的「說好話、做好事、存好心」。只要稍加留意，人人都可以做到這三好，不然至少可以做到口不出惡言。

不管活到幾歲，完成了多少豐功偉業，每個人一定會離開這個世界，而且沒辦法帶走任何東西，但是來世界一遭，究竟留下了些什麼？垃圾、汙染、混亂？還是溫暖與美好？就像德蕾莎修女的提醒，你留給和你相遇的人哪些東西？

不曾擁有，但也不會錯過

前一陣子從屏東潮州回臺北後，重新拿起龍應台老師的《大武山下》翻閱，看到書中重要的楔子，也是引領全書進展的一段話，於是慎重地拿出紙筆謄寫一次：「這世界的所有，四十六億年前的星光激冷和四十六分鐘前的冰山崩塌，五十年前的纏綿懸念和此時此刻的牽掛離捨，無非塵埃，一一走向灰冷，燈滅、念斷、塵絕。可是，在有光的時候，為什麼不在塵中一一看見：熱著的就是火，亮著的就是光，念著的，就是愛。」是的，雖然世間一切終必成空，如塵埃般微不足道，但是每一剎那的看見，念著的都是愛，也讓生命值得。

若非隨著「臺灣好基金會」潮州辦公室夥伴在屏東的潮州與南州拜訪一些在地人士，否則我雖然數十年來無數次在臺灣南來北往，屏東大部分鄉鎮都被一再路過，卻很少停留，因此一再錯過它的精彩。

這些天拜訪了擁有校田，將農耕化為課程的南州國中、潮南國小及四林國小，對這些學校的農老師及校長的努力留下非常深刻的印象。

南州或潮州地區不論是種蓮霧、芭樂或可可，這些新一代農民的自信與善用科技，甚至流利的口才，完全顛覆了我原本的想像，甚至原本預定參訪深耕潮州的小直設計團隊的時間是傍晚五點到六點，最後與陳冠華教授及一群年輕的研究生聊到晚上十一點四十分。

到網紅名店「三平咖啡」用完午餐，繼續到店主人楊文正的陶藝工作室聊天，從來沒看過那麼會搞笑的藝術家，我與蘊慧笑得嘴巴痠、肚子痛。連與第三代油行女老闆黃董及玫來晏趣製麵小農農莊的女主人一起喝下午茶，也能聽到令人感動又佩服的故事，真是高手在民間啊！一路上遇到的人都可以寫成一篇又一篇精彩的報導。今後一定不會再路過或錯過臺灣的小鄉鎮，或許在直奔擠滿觀光客的旅遊景點的慣性之外，在小鎮停留會是更好的選擇。

想著這些紮根在地方的職人，也想起張曉風老師所寫：「樹在。山在。大地在。我在。你還要怎樣更好的世界？」

她還說：「我在，意思是我出席了，在生命的大教室裡，甚至，讀書也是一種『在』。

看書的時候，書上總有綽綽人影，其中有我，我總在那裡。」

是的，出席很重要，「什麼也不曾擁有，但什麼也不會錯過。」這句話是作家黃明堅說的，隨著年歲漸長，愈發覺得這是很高的境界。「擁有」是指資源的占據；「不會錯過」追求的是經驗的豐富，一個是物質的，一個是精神與心靈的。

黃明堅還這麼寫著：「我羨慕海明威（Ernest Miller Hemingway）那樣過日子，有一點醉生夢死，可是又比任何人都清醒，懂得生命只不過存在瞬間，而每一瞬間，卻向無限的可能開放。」

年輕時以為物質可以帶來精神上的享受，後來才知道，更多時候，物質反而限制了心靈的體會，誠如美國自然作家梭羅（Henry David Thoreau）所說：「擁有了穀倉，穀倉就變成我們的監獄。」

每個值得紀念的時刻，我們都沒錯過，我們都在。

喜歡「在」這個字，穩穩的，守候著，或者，就像門前的老榕樹，就是在那裡。

荒野保護協會的志工都要取個自然名，彼此以自然名互稱。我的自然名是野榕，荒野榕樹。

榕樹在臺灣四處可見，公園、校園、路邊、寺廟前廣場，幾乎所有街頭巷尾都有榕樹，大大的樹蔭下常有許多人在乘涼、下棋、泡茶、聊天。

榕樹有許多氣根，很容易攀爬，三兩下就能爬到樹枝上或坐或臥，幾乎是臺灣所有孩子爬的第一棵樹，隨手摘片葉子就可以當笛子吹，許多人因為榕樹而留下許多童年美好的回憶。

我希望像榕樹，看著樹蔭下的朋友來來去去，而榕樹總是「在」那兒，守候著大家。

走入自然荒野享受樂活

住在山裡的社區中有個特別的景觀——從大清早到深夜都有人在散步。清晨散步的大多是已退休的資深公民，晚上大多是上班族下班後邊散步、邊遛狗。總覺得願意接近大自然的人都是有福氣的人。

接近大自然的好處，除了對身體健康或多識鳥獸蟲魚的名字等心智的增進之外，還有心理上的好處，比如紓解壓力、放鬆精神緊張，以及重拾好奇心與對生活的熱情；但是除了「身」與「心」兩個層次之外，還有更高階屬於「靈」的部分。

基礎課程中沒有哲學課，學習或成長沒有宗教課的華人教育系統中，尋求生命意義，也就是人從哪裡來，人會到哪裡去，人的生命與宇宙萬物之間的關係為何？……這種屬於靈性的大哉問，通常是宗教所嘗試解答的，也是尋求已矣的人類最終安身立命之所在。

大部分華人在成長過程中，沒有太多機會思考這個靈性的層次，大多只為求生存奮鬥的物質在有形世界中打轉，當然，我們還是有些所謂民間信仰的祭祀，但大多還是為了解決現實生活所遭遇的困頓。

可是生命的意義為何？這個大哉問總會在某個時刻逼問我們。選擇某個宗教信仰，然後全心託付是大多數人的解決方法，若不想依附宗教信仰，如何安頓自己？

或許我們可以回到宗教的源頭，也就是所有宗教的創始先知悟道的所在——大自然，直接進入那個思考生命本源的場域去感受。是的，所有宗教都是在大自然中誕生，在大自然中傳道的。

也有朋友問我：「退休後，每天走步道，經常在大自然裡頭，為什麼我看山還是山，看樹還是樹，看鳥也還是鳥，從來沒有感受到你所說的自然生命與自己的生命在流動著，到底是我沒有慧根，還是你只是說說而已？」

的確，很多時候，我們看周遭世界時，花就是花，樹就是樹，流水就是流水，陽光就是陽光，可是某一天、某個時刻，我們能夠與自然萬物共鳴時，就會像美國國家公園之父約翰·繆爾（John Muir）所說：「讓陽光灑在心上，而非身上；溪流穿軀而過，而非從旁流過。」

當然，這種情境不是很多人可以體會得到，因此，多年來心中一直有個夢想，想推動一個運動：「給荒野二十四小時」，這個口號是仿效「饑餓三十」，透過實際不進食三十個小時來體驗非洲難民在饑餓邊緣掙扎的情境，我想提倡給荒野二十四小時源自於小時候參加童軍，有一個人獨自移動露營的經驗，以及童軍考驗裡，一個人在森林或曠野中守靜的儀式。我發現獨自在大自然裡漫遊行走，周邊沒有任何同伴，甚至視野所及之處沒有任何人類，也沒有任何人為設施，比如建築物、電線杆或柏油馬路，然後沒有任何目的性地與這一片自然荒野共處（不為了做調查，也不是做特定物種的觀察或攝影），這種方式大概是最能融入自然、感受到自然生命的法門了。這裡的重點是一個人，獨自在大自然中是感受自然生命與自己生命彼此交流最關鍵的要素。

許多原住民的成年禮中，都有獨自一人在森林中度過幾天的要求，童軍運動中，也有守靜的儀式，這應該是世界童軍創始人貝登堡（Robert Baden-Powell）和原住民學來的，他還說：「登山應結隊同行，但登山頂後，面對美如仙境的景致，不妨找個地方單獨坐下來，沉思一會兒。當你思考時，把自己浸濡在大自然的性靈之中，才能在精神上蛻變成新的一個人。」

童軍運動的英文字 Scouting，八個字母組成中，六個字母是 outing，象徵著童軍活動八分之六是在戶外野地裡進行，而在野地裡，如何感受自然生命與更神聖的自然心靈，這才是成為一個完整的人的具足條件，這個要求也展現在羅浮童軍（大學階段）受銜前的「守靜」儀式，每個完成考驗的羅浮童軍必須獨自一人在森林裡生一小堆火，視野所及不能有其他人，獨自一人徹夜長思，待黎明時才能拿到晉級的徽章。

作家楊子曾寫過：「我常想，一生之中應該有一段像拿破崙（Napoléon Bonaparte）被放逐的日子，獨自在一個孤島上看雲，沒有工作，沒有負擔，甚至沒有書籍、音樂，也沒有文明。」現在回想起二十多年前服兵役，待在馬祖的一年九個月，的確是一生中難得的享受。

馬祖和金門不一樣，金門是一整個島嶼，中間有一座山，而馬祖列島基本上就是一座座小山矗立在海上，幾乎沒什麼平地。在任何營區幾乎都可以看到海，看到海上的雲層，視野所及沒有任何人、任何人為設施。我經常在早點名前以及用完晚餐後的傍晚時光，看著日出與夕陽。

也許我們沒辦法那麼奢侈地擁有一長段時間在大自然獨處，但是每個星期或每個月，給自己幾小時到大自然漫遊，應該是辦得到的。就有機會領略大自然給我們最棒的禮物，不只是讓我們放鬆情緒，也不只是對身體健康有幫助或自然知識的探索，當然，這目的並沒有錯，人類的食衣住行等物質生活的需求都來自於大自然，甚至我們可以從大自然中獲得源源不絕的想像力與創造力，但若是只看到這些太具體的「功效」，就太可惜了，荒野大自然是萬物生命的源頭，是人類古老的鄉愁，自然荒野可以更新我們生命的能量和一種與萬物合一的連結，這種超覺經驗的體會可以安定我們的心靈，甚至領悟到生命的終極意義。

什麼是我們最重要的東西？

這些年因科技與資訊的進展，再加上全球化大資金與大規模生產影響下，所有東西都愈來愈便宜，功能也愈來愈多，在典範快速轉移之下，許多產品，甚至許多行業都不見了，那些技藝也隨著老職人的凋零而消失。

當然，同時有許多事物以創新之名不斷出現，在免費又無遠弗屆的網路推波助瀾之下，許多搞怪、玩創意、希望一夕成名的速食文化成為社會主流，一切東西朝向短小輕薄式速成，每個人都慌慌張張地過日子，忘了如何安心地好好做自己的工作。

文化就是生活，是一群人住在同一個地方，長期累積出的共同情感與共同價值觀。為什麼文化產業最貼近人的幸福感？因為這些物品不只是提供日常生活使用，還可以撫慰我們的心靈，裡面有我們與先人共同的記憶。

這些職人手做有溫度的老字號，或許過去是被忽略甚至輕視的行業，現代反而有了無可取代的時代意義，而這些技術不只是流汗勉強求得溫飽的老功夫，而是一種活生生的文化傳承。

有根的民族會活得比較安心、比較篤定，而且保留並記憶這些過往的事物，並不只是懷舊、滿足自己的鄉愁，而是一種感恩的心情，更是尊重前人們的努力。

作家董橋曾寫過：「不會懷舊的社會注定沉悶、墮落，沒有文化鄉愁的心注定是一口枯井。」董橋說的，大概是指我們不能忘掉整個民族的集體記憶，因為這是一個社會的靈魂與國家的精神吧！

有位朋友說，若是回憶得愈少，表示你的性情愈來愈冷酷了，我想是回憶的都是一些美好的時光，而這些時光一定與當時和我們相處的人有關，因此念舊也會抱持感恩的心情，感謝曾經陪伴我們成長的人。

有時候覺得臺灣是個沒有記憶的地方，一切都在迅速地消逝、替換中。所有的過去不斷地被抹殺、否定中，我們能肯定今日擁有且重視的東西不會遭到相同的命運嗎？很羨慕歐洲人能活得那般自信與篤定，也羨慕他們能在祖父、曾祖父坐過的咖啡館繼續沉思。我們需要一些往事，一些共同的往事，使被分散孤立的心情可以重新連接整合起來。

每個月可以挑一個週末夜晚，在溫暖的燈光下靜靜地回顧過往，也許會訝異地發現，生命中最珍貴的東西都是不實際的，而最美麗的往往是看不見的回憶。

有一本像攝影集又像繪本的《你最重要的東西是什麼？》書腰上寫著：「一個簡單的提問，讓全世界的人都能再靠近幸福一點點！聽聽孩子，你最重要的東西是什麼？」

這是一個由「太空船地球號協會」所舉辦的世界性繪畫活動，他們試著去詢問世界各地的孩子：「你最重要的東西是什麼？」發起這個活動的日本醫生山本敏晴說：「如果全世界的人都能把自己最重要的東西畫下來並互相觀賞，也許對彼此的了解就能增加一點點，而這個世界的紛爭就能減少一點點。這麼一來，全世界的人也許就會再靠近幸福一點點……」他這麼期待：「當我們都能尊重彼此重要的東西時，戰爭就會消失！」

從各個國家小朋友的圖畫中，我們可以感受到現今人類所面對最迫切的議題：貧窮、戰爭、疾病、人權及環境永續等。有個小朋友畫了一條耕田中的牛，因為他爸爸的工作是種田；另一個小朋友畫了三個小朋友被地雷炸斷四肢的圖畫，寫著「我認為剷除地雷很重要」；還有一個小朋友畫了小女生被大人帶走的圖畫，寫著「我討厭販賣兒童和賣春」。

陪著孩子畫圖的山本敏晴這麼告訴他們：「每個人所認定的重要東西都不一樣。雖然大家的想法不同，身邊一樣有一起生活的家人和重要的朋友。你最重要的東西是什麼？你身邊的人，他最重要的東西是什麼？你討厭的人，他最重要的東西是什麼？請你一樣尊重他們的選擇。如果大家都能這麼做，也許有一天，所有的人都能得到幸福。」

可是人除了會忽略別人所重視的東西之外，往往也沒有認真對待自己看重的東西，若仔細檢視我們一天二十四小時的時間，一年三百六十五天的生活，是否曾經對於「我們最重要的東西」付出心力？

比如說，假如答案是保護環境，我們可曾為它付出具體行動？如果答案是家人或孩子，那麼我們可曾留出時間給他們？

人們想的和做的往往不一樣，就像我們都知道運動很重要，卻沒有多少人願意每天花時間去運動，就像學生每天念茲在茲地說具有國際視野非常重要，但從來不關心世界上發生的任何事情一樣荒謬。

為了避免犯下這樣的毛病，或許我們可以用記錄的方式來檢視自己的時間分配，因為所謂「重要」的事情，往往不是緊急的事情，若我們不刻意排入自己的行程表，或者有意識地去省視自己的生活，那麼，往往最重要的事情反而是我們花費最少心力的事情。

PART 3

幸福來自公益實踐

給我親愛的朋友

拿起書剛好翻到這一頁的朋友，我猜，你可能正準備退休，開心地想著總算可以睡到自然醒；你也可能早已退休，卻被疫情困在家裡，只能沒日沒夜地追劇來打發時間。

當然，更可能你還在職場上拚鬥，不管是自己創業還是領公司薪水，在壓力愈來愈大、愈來愈辛苦的時代，你一定非常忙碌，但是，愈忙碌愈要空下時間來思考及想像未來。

我知道你很忙，日以繼夜地被工作壓得喘不過氣；我也知道，為了孩子的功課以及照顧父母與家人，你已經疲憊得沒辦法做自己夢想已久的事；我也能體會，對於臺灣的社會現況，在一切典範失落的時代中，你早已心灰意冷。

但是，你心底又不時傳來微弱的聲音，告訴你日子不能這樣下去，生命不應該只是在嘲諷與逃避中結束。

想起羅賓・威廉斯（Robin McLaurin Williams）主演的《春風化雨》，電影裡，他讓學生在校園裡朗誦詩，踩詩的韻律，他說：「這是很重要的一步，它使得一切因此而不同。」

「它使得一切因此而不同」出自美國著名詩人佛洛斯特（Robert Lee Frost）的詩作〈未走之路〉（The Road Not Taken）：

「……兩條路分岔在樹下，而我——

我選的那條則少被走過，

而它使得一切因此而不同。」

總覺得人的命運是一連串的岔路與選擇，不論路與路之間如何難以抉擇，我們一定要把自己的選擇視為與眾不同，並真的讓不同由此開始。

你可以忽略掉來自心底的聲音，用非常多理由告訴自己：「我真的太忙了！」曾有過的感動與初心淹沒在日復一日、年復一年忙碌單調的生活裡。然而，我們也可以這麼選擇，把參加社團擔任志工當作新生命開展的契機。

親愛的朋友，不管早或晚，我們總要面臨工作職場上的拚鬥似乎已塵埃落定，孩子離家就學或成家立業，肩上擔子減輕之後，雖然獲得了盼望已久的自由，但是從另一個角度來看，無事一身輕也代表是個可有可無的人，那種內心的空虛與惶恐，恐怕會影響到我們的健康與活力。

我一直覺得不管是退休或在上班，一定要在日常行程中排出空檔到公益團體當志工，不只是對社會的回饋，對自己的身心靈更是會帶來莫大的好處。

「助人為快樂之本」雖然是句老掉牙的話，但近年有非常多科學研究證明，這不只是道德教訓，古往今來許多宗教家也一再開示，如果能將我們的思慮焦點從自己轉到他人，把對自己的關心轉移到對別人的關懷，痛苦就會立刻減輕，生命也會立即開展，同時能獲得心靈的平靜。

一個人幫助別人、從事公益行動時，身體的壓力反應會關閉起來，那些憤怒、憎恨和嫉妒的負面情緒會降低，連帶影響內分泌系統，增強我們的抵抗力，有研究發現，這些因無私奉獻所呈現的愛，對我們整體健康的保護能力，比每天固定吃阿斯匹靈來預防心血管疾病還高出幾倍呢！

付出會讓人快樂，這是因為體內多巴胺的濃度會大幅增加，而大腦的腦內啡也會給人美好的感受，釋放緊張的情緒，接著帶來比較持久的平靜，許多研究中證明，正向樂觀時的免疫力的確比心情差的時候強得多。

而且當志工可以預防失智，志願服務通常會接觸到不同的人群，這種人際互動對大腦的刺激與活化有強烈效果，同時志工可以拓展一成不變的日常生活，這種新鮮的經驗也是大腦神經成長與健全的神奇肥料。

總之，當志工有太多好處，後面的文章會列舉我所認識的各行各業好朋友，如何在忙碌的生活中，因當志工而使得生命更加豐富而精采的故事。

種下一棵棵希望之樹——李元瑞

大學時代的老同學李元瑞最近在臺北近郊買了一片荒廢的山坡地，號召朋友們一起種樹救大地，帶著家人親手栽下一棵樹，陪伴著大家一起成長，或者變老。

人人都需要一座山，到了一定的年紀，自然荒野就會前來呼喚。

隨著年齡愈長，每當忙碌的工作與行程間隙，腦海裡就會浮現由三毛作詞的〈夢田〉這首歌：「每個人心中都有一個夢，每個人心中都有一畝田，用它來種什麼？種桃種李種春風……」。

的確，人人心中都有一畝夢田，只要到一定年紀，這個渴望回歸自然的種子，就會慢慢發芽成長。

很多人有農夫夢，身邊周遭也有幾位朋友退休後，真的到鄉下買塊農地，開始當起農夫，不過更多人買了地、蓋了農舍之後，才發覺當農夫很辛苦，半途而廢，農地就因此荒廢，更可惜的是為了省事，直接把農地鋪上草坪或改成水泥停車場。

若為了實踐田園夢而當個全職農夫，雖然可以全力投入，但是收成與營收可能產生另外的煩惱；若是保有養家活口的正職而當個假日農夫，在沒有經濟壓力的情況下，即便只有假日揮汗勞動，也足以接近土地與生命，體驗更寬廣的人生。

這種一半上班一半當農夫的生活，正是日本前些年開始流行的「半農半X」的新概念，也就是花一半的時間做農夫，種自己吃的菜；另一半時間持續工作，找到自己的生命職志，貢獻社會。

這種一半一半的平衡人生，讓我想起清朝李密庵所寫的〈半半歌〉：「看破浮生過半，半之受用無邊。半中歲月盡幽閒，半裡乾坤寬展……酒飲半酣正好，花開半吐偏妍……」元瑞的假日農夫行動，相信將豐富周邊許多親朋好友的生活，並從而鼓勵自己追求夢想的勇氣。

像元瑞這麼忙碌的開業牙醫師，可以在荒野保護協會當志工，假日獨立到偏鄉做義診，如今又當起果農，他給了我們信心，真的可以過著不再被物質文明綑綁，回歸人的本質，找回自己真正想要的生活。

年紀愈長，愈覺得生命冥冥中有特別的機緣存在，我們不能太「鐵齒」。

我與李元瑞非常有緣分。讀醫學院時，我們向同一個房東租房子，兩人隔著一道薄薄的牆住了許多年。畢業後，他第一梯次七月入伍，抽到馬祖服役，臨上船前託我買星象盤，順便多買了一副，那天我到基隆送行，三個月後，我搭著同艘船到馬祖南竿，更巧的是，當年數萬人的駐軍中，我們居然分發到同一個小單位。

早在大學時，我們一起創辦了學校的童軍團，逢年過節會一起吆喝夥伴，在學校裡搞點無傷大雅的惡作劇。退伍後，我留在臺北，他回到三芝老家開業，當個小鎮醫師。在鄉下開業時間被綁得很死，但他偶爾還是會出現在荒野保護協會舉辦的活動中。

直到幾年前，突然發現他似乎連續一整年每個星期都到臺北來參加各種不同種類的義工訓練與課程。某次荒野的理監事會議中，向大家說明了他的著急：他在三芝開業數十年，知道北海岸一帶還有許多地方沒有開發，他的病人很多是當地的地主，他知道那些年長的地主對土地有感情，或許不會賣掉來開發，但是下一代或者下二代，若沒有和自己的土地培養出感情，很可能就會把土地賣了，拿了錢移民到其他地方了。因此，他希望在還來得及的時候，帶領當地的小朋友在大自然裡成長，讓那些未來的地主有機會認識與珍視自己的土地。

他的急切感與心願深深感動了在座所有的理監事與荒野各地分會長們。當年，荒野在三芝成立了北海聯絡處，並開始進行荒野親子團隊——炫蜂團的籌備工作，除了帶領孩子重享大自然的美好與喜悅之外，也讓孩子的雙眼成為守護環境的力量。

荒野的炫蜂團是小學三年級至五年級的長期團隊，小蟻團收幼稚園大班至小學二年級的孩子，每一團有三十多個家庭，在十多個導引員義工的帶領下，利用假日在大自然裡探索、學習，並與自然萬物做朋友。

我真佩服元瑞，年紀已經不小了，才要開始帶領一個這麼龐大的新團隊，除了規劃活動、執行活動，再加上每次活動都是超過百人以上的規模，其中有多少意見要溝通、行政瑣事要處理，還有最要命的，要當數十位精力充沛的小蟻、小蜂們的孩子王。

問元瑞累不累，有什麼感想？

他說：「你能想像若干年後，當你知道某位官員適時阻止了一件不當的山林開發案，使得成千上萬依附而生的動植物、昆蟲能免於殺戮、砍伐之浩劫而得以存活，若有記者訪問時，道出真正促使他做出如此重大決策的原動力，竟然是小時候參加過炫蜂團，在活動中受到影響所培養出來的情操，只要想到將來一定會有那麼一天，我現在的疲累就化為欣慰與滿足了！」

其實，不必等到幾十年後孩子長大，從一次次活動中，我們很清楚地看到孩子們的改變，甚至家長們也被大自然和志工的熱情所感動而改變！

想想，與元瑞認識已經將近四十年了。總覺得朋友是我們給自己最好的禮物。從小喜歡看武俠小說，也喜歡鹿橋的《未央歌》，對於書中來自四面八方的英雄好漢共譜友情之曲深深嚮往，這些年我在荒野裡，的確實現了小說中那種俠義之情的浪漫理想追求。

很久以前，歌手李佩菁曾唱過一首歌：「我願好友都能常常相聚首，對著明月山川相問候……」

若是有人問我這些年東奔西跑所為何來？我會這麼回答：「我想要一些三十年的朋友，在塵世間所有虛妄的追求都過去之後，我們能夠滿臉皺紋，怡然相對，喝一壺粗茶、一杯濁酒，談一些閒話，享受經過沉澱的人生醇味……」

淡水河及諸羅樹蛙復育大夢——賴榮孝

阿孝原本是五股國中的數學老師，二十八年前，荒野剛成立，辦公室設在我的診所裡，我遊說他參加第一期自然解說員訓練，他真的去報名，也認真地上課，從此世界上少了一個王牌數學老師，卻多了一位生態保育的超級守護者。

阿孝是獨自一人從南部到臺北來求學與教書，沒有結婚也沒有家累，解說員訓練後，幾乎以荒野為家，下班後就到荒野當志工，二十多年如一日。

十年前他當選荒野協會理事長後，申請了教職退休，名符其實地成為荒野的全職志工，一年三百六十五天，天天在荒野，不是在荒野保護協會，就是在荒野大自然。

七年前卸任理事長職位後，不到一個月就搬回嘉義老家種田，有點解甲歸田的意味，也遵循著荒野的優良傳統，幹部卸任後，雖然依舊是荒野的永久志工，但是都能謹守分際，不再插手荒野的行政會務，除非現任幹部徵詢才會給予意見，換句話說，就是全然信賴接任的幹部。

那麼，擁有豐富經驗的卸任幹部要做什麼？通常是另闢戰場或回到守護的第一線，再為荒野搭建一個全新的舞臺。

阿孝回嘉義老家種田，除了當一個全職的農夫，也獨自實踐保育諸羅樹蛙的計畫，希望將嘉義老家親戚的田都改成有機種植，復育以嘉義為名的諸羅樹蛙。

這幾年，很多夥伴都等著買阿孝的田種出來的米，以及諸羅樹蛙棲地裡的竹筍與芭樂。他真的成為一個貨真價實的農夫了。

二〇二二年下半年，疫情接近尾聲，實體活動逐漸恢復，大家比較放心進行「人與人的連結」，開始拜訪朋友。七月在東海大學的荒野環境行動論壇結束，我們一行人從臺中南下嘉義，夜宿阿孝新落成的農舍。晚上到竹林果園尋找諸羅樹蛙後，洗完澡大夥坐在客廳喝冰啤酒、聊天。

連日高溫，蘊慧心疼阿孝在烈日下的農事會不會曬傷，因前兩年來訪時，看到他的腰已經有點狀況。

阿孝說他現在都是傍晚才到田裡，這樣會愈做愈涼爽，如果清早下田工作，一下子氣溫就升高了，愈做愈熱。大夥一邊聊著田間事，也聊著荒野老夥伴，蘊慧發現現代的農夫不見得會天天下田，就消遣阿孝：「我以為農夫是一年三百六十五天都在工作不休息，才那麼受人尊敬啊！」

第二天日上三竿，我們這群客人一起床，看到桌上已擺好早餐，接著阿孝從屋外進來，蘊慧問他去哪裡，阿孝說：「為了當個受人尊敬的農夫，我只好一早去巡田啦！」

阿孝的生涯從數學名師轉跑道成為環境教育推動者，最後再到最接近土地的守護者，感覺很另類（都是被荒野害的）。

臺北解說員第二期的小琦當年是從事幼兒藝術教育的老師，後來荒野需要一位專職的環境教育人員，就挖角她擔任荒野推廣部主任，過了幾年，她和幾任荒野夥伴一起移居到臺東長濱鄉，她成為全職的農婦，這十多年來，她種的享蒔米是人間美味，要提前預約才買得到，ＡＢ寶從小就跟著小琦阿姨到處跑，長大後雖然很忙，但還是會抽空到長濱幫忙收割稻子。

像這樣高學歷卻放棄待遇好的工作、跑去種田的夥伴，在荒野裡有非常多位，我認識的原本在新竹科學園區或工研院上班，後來卻辭職去種田的人就有好幾位，另外，臺東分會的夥伴至少有十來位是自然農法或秀朗農法的農夫。

十多年前在日本流行「半農半X」的職業生涯，我們自古以來也有「晴耕雨讀」的美好傳統，每次到這些務農的夥伴家，看到滿室書香，一方面雖然如同蘊慧心疼他們的辛苦，但心裡其實蠻羨慕他們的生活。

這些夥伴善於歸零再出發，活出多重人生，因為認真，所以每一段人生都活得很精彩。就像阿孝，在第一階段當老師時，就是學校著名的王牌數學老師，許多家長必須再三請託走後門才能進他的班級，等到退休當荒野理事長後，以荒野為家，一天二十四小時都給了荒野，等到卸下理事長，又轉身成為全職農夫。

二〇二二年八月，《商業周刊》記者想以小毛蟹重回淡水河為題，做一個淡水河復育的封面故事，因荒野保護協會以民間團體的角色，做了很關鍵的努力，所以想來採訪。

我建議他們到嘉義訪問阿孝，阿孝從加入荒野第一天到卸任理事長，整整二十一年時間，無時無刻不在為淡水河出海口左側的五股溼地而努力。

荒野九週年會上，那時是我擔任荒野理事長，新北市政府正式將五股溼地委託荒野認養的儀式中，阿孝哽咽得語不成調的情景至今依舊鮮明，有多少人能體會到，一個理想要實踐完成，背後必須有多少心血的投入，有些被看見，有些不被看見，或許不必講所謂理想實踐這麼偉大的事，往往單單一個活動的完成，經常就得投入許許多多看不見的血汗，流了無數不足以向外人道的眼淚。

二〇二二年九月底，《商業周刊》的封面故事真的刊登了阿孝的努力，我翻閱著雜誌，腦海中不自覺又浮起電影《外星人》的畫面：「一個小男孩騎著腳踏車，載著裹在被單中的外星人，穿越重重阻礙，只見車頭往上一拉，冉冉飛向天空……」

為什麼會想到這個畫面？

大概是覺得荒野夥伴們也很像如此吧！他們無私奉獻所激發出的願力，超越了許許多多的挑戰，累積出更大的信心與能力，就像騰空而起的腳踏車般，我們也將起飛，帶著愛，引領著大眾向上飛翔。

希望之屋與太陽房子——胡湘玲

「出來玩！出來玩！出來玩！」

「不行，我媽媽不准！」

「不行，我媽媽說我剛洗好澡，不可以弄髒！」

「不行，我要考試了！」

拜託拜託，請不要和我們以前一樣。

這是當年遠在德國教書的胡湘玲於二〇〇三年初寫的一封信開場白，邀請大家到南投地震災區蓋房子。對三、四十歲以上的朋友來說，相信對「╳╳，出來玩！」這個句型應該很熟悉，在那個街頭巷尾都可以玩耍的年代，在那個沒有層出不窮綁架案的年代，誰沒有在彼此的門外高聲呼喊過「╳╳，出來玩」？

不過，令我疑惑的是，蓋房子也算是「遊戲」嗎？

夫妻倆都擁有博士學位的胡湘玲及韋仁正，以開 party 的心情說道：「在整個混沌不明的未來展望中，我們希望以樂觀的心態進行一些愉快的社會實踐。」在動手實作的過程中，除了幫助九二一災民重建家園外，還藏有更深層的涵意：重新審視在臺灣一直被忽略的技職教育，以及節約地球資源，為打造更好的臺灣而努力。

胡湘玲的專長是社會科技和生物科技學，先生韋仁正則專精於數學，原本兩人與「蓋房子」根本沾不上邊，直到二〇〇一年，不小心買了一棟位在德國 Löhne 小鎮，建於一八四三年的老房子。

這可不是普通的水泥磚房，而是列為「生活古蹟」的房子：一種德國傳統的黏土木架屋，整棟建築以木架為主結構，牆面則以黏土攪拌木屑及水所混合而成的黏稠團塊構成。房子已經相當老舊，必須經過整修才能居住，而且依照規定，得採用德國「復古工法」來進行整修。

從此，他們的生活與這棟房子緊密結合，據湘玲的說法是，他們「被這棟老房買下」了，從此得為它賣命工作。不僅如此，湘玲因本身所學，對工匠與社會科學發展之間的關係感到特別好奇，還訪問了幫忙整修房子的匠師，從而了解他們這些人下班後會去踢足球，甚至去外縣市比賽；也有人結合本身的專業加入「德國家園協會」，甚至前往白俄羅斯，協助車諾比核電廠災變的災民遷村建屋。這些臺灣人所稱的「水電工」，對自己的生活安排感到滿意，對專業則抱持謹慎與自信的態度，令湘玲夫婦非常欣賞，且深受感動。

二〇〇三年三月，湘玲夫婦與國內的謝英俊建築團隊合作，從德國邀約了三位專業匠師來臺灣，為南投潭南地區的九二一震災災民搭建會呼吸的節能建築。

早期傳統社會中，蓋房子是一種集合式勞動，一戶人家要搭建房屋，親友、鄰居都會協力幫忙。因此湘玲回臺灣之前，寫信請我幫忙邀請一群志工朋友來玩，她在文章中寫道：

「如果你鎮日困守書桌、辦公桌、電腦桌，憧憬貼近陽光與流著汗水的工作，欣羨頭一沾枕便能呼呼大睡的幸福，也期待證明自己還具有勤用四體的創造本能。如果你生長在都市，從小除了乾淨的制服加上手帕、衛生紙之外，不知道怎麼用泥巴來焢土窯。是的，是的！你就是我們要找的人。我們要一起用泥巴蓋房子。」

「無論是小孩、年輕人，還是老人，不管是男人，還是女人，專業還是非專業，大家都可以在黏土木架屋的任何一個地方發現自己的潛力。這是一個強調社會參與的建築方式，也是找回信心、成就自己的方式。這個被成就的自己，不僅是被幫助的災民，也可以是幫助災民的我們。」

可惜當時我抽不出空，沒辦法參與這場party。但從湘玲帶來的紀錄片中，我看到每一位來自各行各業的志工，不論是出於好奇，或是「好玩」的心情來參與，他們所得到的不僅是助人的快樂，還透過這個「會把手弄髒」的工作，重新摸索出早已遺忘殆盡的生活技能。

三十多年前，湘玲到德國留學之前是環保運動的健將，學生時代就認識湘玲的朋友聽說這件事，難免會問：「現在不反核了嗎？」這時，仁正便開始計算：以風力發電為例，一棟節能房屋可以省下百分之十二的用電；以太陽能發電來估計，可省下百分之一．二；若以核能發電評估，則可省下百分之七十。

結論是，臺灣只要省下百分之三十的用電量，就不需要再蓋核能電廠了。

如果不特別說明，很難想像這對用行動愛臺灣的夫妻，住在半個地球遠的德國。每當我向朋友介紹這對「德國回來的」夫妻時，都會遭到他們糾正：「我們從沒離開過臺灣，只是住得比較遠。」

蓋完濟南的房子後，他們更常回臺灣了，二〇〇五年出版了一本得到金鼎獎的好書《太陽房子》，相信可以用最少的能源創造最舒適的生活，也就是結合了再生能源與建築的一種新生活態度。

茂迪公司創辦人鄭福田先生看了這本書之後深受感動，決定以個人名義出資捐贈，在臺灣興建一幢太陽房子。在湘玲與仁正的規劃下，由張清華與郭英釗建築師設計監造，臺北萬華地區的青年公園裡，就此出現一棟二層樓的太陽房子，一樓是全年無休的智慧圖書館，用悠遊卡就可以進入借閱書籍，二樓是節能展示館，除了開放民眾自由參觀之外，也接受團體事先預約導覽。

這間兼具實用與示範性質的太陽房子，結合了建築周邊的自然環境，將主動性使用太陽能，也就是能夠主動產生能源的結構，以及被動使用太陽能，也就是被動節能的設計概念，在這棟建築物裡同時呈現。

胡湘玲與韋仁正在德國成立了民間社團——汗得學社（HANDA Initiative e. V），後來在臺灣也成立了臺灣汗得文化協會，從學社縮寫的中文諧音，恰巧可以引申出這樣的意涵：用雙手做，流汗必有所得，即可看出他們推動以身體對話，實踐另類生活型態的理想。將來他們還會持續地蓋房子，蓋出自己的、也幫助需要的人蓋……

在保護臺灣環境的運動中，他們的做法不但務實，而且相當有創意。在我看來，與其說湘玲和仁正是環保人士或社會運動者，不如說他們是步履輕快的實踐者，他們回到問題的源頭，把嚴肅的議題簡單化，以更有效、持續的方式喚起全民共識，讓我們的生活和環境都能改善，也讓所有參與其間的人，「玩」得不亦樂乎。

看見齊柏林基金會——萬冠麗

萬冠麗是一位外表亮麗、講話溫柔婉約的氣質美女，二十多年前創立集思創意顧問公司，幫政府機構與私人企業規劃執行策展與公關行銷等，有數十位員工，應該符合眾人腦海中的女強人形象，但是事實上，她更像一位俠女，沒錯，今之俠者。

二〇一〇年，當齊柏林放棄了再三年就可以拿到的退休金，打算辭掉公職全心全意拍攝記錄臺灣的影片，第一個支持贊助他的人就是萬冠麗。

當年齊柏林拿著破舊的筆記型電腦和老朋友冠麗談起他的夢想，冠麗二話不說，拿出積蓄幫齊柏林成立阿布電影公司，雖然她掛名董事長，但直到齊柏林意外過世，她從來沒有過問或干涉公司任何事情，並且為了《看見臺灣》動用她所有人脈，到處找人贊助。

《看見臺灣》紀錄片當年引起的迴響，是所有人事先無法預料到的，也賦予齊柏林更多使命感與激起更大的夢想與企圖心，準備開拍《看見臺灣II》，就在開拍記者會隔天，他就到花蓮準備勘景，再隔天搭直升機飛上天，想不到卻墜機罹難。

英雄壯志未酬身先死令人悲痛，但是還活著的我們可以做些什麼呢？

齊柏林在臺灣上空飛了二十五年，如實紀錄臺灣地景環境二十五年來的變化，完整地保存下每一年臺灣每個地方的變化，這些變遷中的地景空拍照有非常珍貴的歷史價值，總共有三十萬張（包括十萬張傳統大底片及二十萬張數位相片），但是齊柏林生前自己只整理（掃描、分類、標註）了八千張，而且除了照片，還有數千小時的空拍影片。

這些相片、紀錄片屬於阿布電影公司，但是齊柏林走了，誰能扛下這擔子？

從來只掏錢支持、不管事的阿布電影公司董事長萬冠麗這下子煩惱了，當然，她可以把阿布電影公司結束掉，但是這一大批珍貴的紀錄就會從此堆進倉庫，不見天日。

她知道若成立基金會可以讓齊柏林畢生努力的成果持續為守護臺灣環境而發揮影響力，但必須投入多大的心力，她也想過：「是不是打過一場美好的仗，讓他留在美好的記憶裡就好……」

周邊有經驗的朋友都勸她打消念頭，她轉述朋友非常誠實且好心地提醒：「這幾年要募款應該還沒問題，但人是健忘的，五年、十年後呢？妳會把所有的朋友都嚇死，別人一看到妳，就是知道妳要來開口募款！」

這是真心話，但俠女性格的她，只想到：「如果我現在不做，將來我會後悔！」

她在「看見・齊柏林基金會」的成立記者會上說：

「哀傷與不捨雖然一直是我們共同的心情

但我們更惦記的，是他未能完成的願望

因此，我們成立了看見・齊柏林基金會

希望透過他作品的典藏、展覽、教育與訓練

我們可以找到或養成更多齊柏林們

而這些人未來都能和他一樣

把對這個島嶼的愛和關懷變成一種堅定的信仰。」

她同時懇求大家的支持：「唐吉訶德般地散盡家財，愚公似的熱情，讓齊柏林成為我們的翅膀、臺灣的眼睛，讓這片土地的美撼動千萬個心靈，再化為百年樹人的教育，一代一代地傳承下去。……然斯人已逝，如何承志？唯有行動，才能改變世界！」

基金會將召喚志工們就幾個計畫共同努力，首先就是整理空拍影像底片及素材，建立數位影像資料庫，然後讓全臺灣人都得以方便使用，同時也建構臺灣ＧＩＳ空拍影像地圖，另外將利用這些素材以縣市議題分門別類，規劃環境教育的教材，號召志工到各學校社區去發揮守護臺灣千手千眼的力量。其他還有策展及伯樂計畫，尋求下一個齊柏林，繼續推動以影像記錄臺灣等。

十多年前，今之俠女拔刀相助齊柏林實現「看見臺灣」，如今，她又義無反顧成立基金會，需要大家相挺。

基金會希望結合有志者的共同力量，讓大眾能用不同角度看見自己的家鄉，匯聚不同的思維、相同的正能量，在環境、生態、人文的平衡與相互提攜間，實踐各自的夢想！

自然史博物館大夢——許威傑

「人生還有多少個十年？」大學學長過了六十五歲之後，每次見到我總是焦急地說著。

這位在基隆出生長大，也在基隆開業，一輩子服務基隆鄉親的牙醫師，三十多年前在市集偶然買了幾顆化石，他翻查資料研究，發現手中的化石居然是非常久以前的生命遺跡，是過去億萬年曾經活躍的生物，居然能跨越漫長時空與自己相遇，感動之餘，從此醉心於化石的欣賞與蒐集。甚至以高齡重回校園到臺大地質研究所進修。

三十多年來，他蒐集了一萬五千多件博物館等級的珍貴化石，是臺灣除了臺中自然科學博物館之外，最完整與珍貴的收藏，前些年曾以私人之力在自宅成立四個樓層的達爾文博物館，供學生預約由他親自導覽，但是展場空間實在不夠大，因此，他希望能和其他機構合作，成立自然史博物館，讓臺灣的孩子能以更宏觀的視野看見這個世界，同時回過頭來珍惜自己的家園——有世界地質寶庫之稱的臺灣。

因為這個大夢，這些年他有強烈的急迫感，覺得所剩時間不多，當尋找合作機構遇到挫折時，就會感慨地說：「人生還有幾個二十年？」

看著這位從學生時代到現在都很照顧我的學長，有點訝異他居然願意把辛苦工作的積蓄投入這個必須以政府之力來做的事，除了敬佩之外，也不禁感嘆生命際遇的不可思議。

有人說：「中年是人生第二個叛逆期，會重新評價夢想與現實。」人們發現時不我予，生命在指間流逝，生活不斷重複，很多事情再不去做就稍縱即逝，大有「現在不做，可能永遠沒機會去做」的急切感受，使得中年人往往做出令人吃驚的決定。於是，有人出家、有人拋棄高薪去當義工、有人轉行、有人離婚……

中年，似乎也是面對生命意義這個大哉問最為惶恐的時刻吧！

有人問說：中年和老年有什麼不同？

答案是：中年人「以為」還有一點點希望。

就是這一點希望，使我們鼓足勇氣，繼續往前。

我倒是樂觀地對學長的這個心願抱持很大的期待，北臺灣沒有足夠規模的自然史博物館，雖然基隆有個國家級海洋博物館，但是空有殼子，幾乎沒有任何典藏品。而且基隆市長當初以「整個城市都是我們的博物館、美術館」為競選廣告，在廢校與閒置的公共空間這麼多的情況下，設立一個自然史博物館應該很容易，而且除了可以做為基隆市學生環境教育之用外，外地來的觀光客除了到廟口吃小吃外，也可以有一些深度且知性的旅行，從這些世界級化石看到基隆近郊就有重要的化石地層與化石種類。

臺灣向來有地質寶庫之稱，而基隆市位於臺灣東北角，有最美麗的大港、海岸、山林和非常豐富的生態，城市周邊富含北臺灣最重要的化石地層與化石種類，化石數量也是臺灣最多。自然史博物館早已成為全世界國家保存自然史資產和推廣自然教育的重要指標，但臺灣縣市的自然史博物館非常少，目前只有臺中具有規模展示的自然科學博物館，民眾對於臺灣本土豐富的自然人文景觀和生態認識不多，造成很多美麗的自然景觀被不斷地開發與破壞，實在非常可惜！

如果政府能找地方營建合適的場館，然後由許醫師提供他的私人收藏，設立北臺灣的自然史博物館，這該是多美好的事情啊！

這個想像不必耗費政府太多資源，反而可以在政府慣常舉辦放煙火般的嘉年華會活動外，給大家一些不同的視野與信心。是的，我們的選擇造就不同的臺灣，我們想像的臺灣未來是什麼模樣？

我安慰著學長，另一方面也為他感到高興，不管最後這個心願是不是真的能實現，但是生命有個夢想讓我們去追尋，就是很美好的一件事。

到日本當志工——陳一銘

十餘年來，到日本旅行的外國觀光客人數，臺灣人一直是名列前茅，許多朋友到日本簡直就像「走廚房」般，一年會去好幾次，旅遊地點早已從二線城市到一般人聽都沒聽過的三線城市以及地方鄉鎮。

但是幾乎所有人都是去旅遊，沒有聽過去當志工的，大家直覺想到需要國外志工來支援的，通常是窮困落後或基礎建設、資源不足的國家，日本這麼先進且制度井然的國家，從來沒聽過需要外國志工。

原本我也是這麼認為，直到二〇一九年十一月臉書私訊捎來朋友陳一銘的信，他告知剛從日本當志工回來，近期會再組團過去，問我周邊是否有朋友有興趣，可以和他一起去。

看了他所附的報導，嚇了一跳，顛覆了我過去的經驗，趁著那年十一月底到臺南演講時，找他聊聊。他們全家每年年底前都安排一次國外旅行，今年原本要去泰國，臨行前他看到一則新聞說日本前陣子颱風造成偏鄉的災害，雖然道路與水電已搶修好，但是民眾住家區域因淹水造成的垃圾爛泥，至今尚未清理完畢。

一銘去年有機會到日本，認識了一些日本朋友，詢問了災區狀況後，說服家人，邀約幾位朋友，並幫那些年輕朋友募了點機票錢，一群十來個人就出發到日本當志工了。

租了車，靠著 Google 大神，找到位處偏鄉的災區志工中心，不料當地沒有預料到有外國人來，沒有會英文的翻譯，就靠著比手劃腳溝通，以及遠在東京的朋友幫忙，總算分配到任務，幫獨居的長輩清理住家。

我很訝異為何颱風已過了一段時間，災區居然還沒有復原？日本不是很有制度、很嚴謹嗎？

一銘推測，大概是日本社會高齡化問題太嚴重，鄉下地區根本看不到幾個年輕人，也沒有人手可以幫忙。

東京的媒體對於遠從臺灣來到日本偏鄉當志工的議題很有興趣，或許是想刺激日本社會，讓年輕人願意下鄉幫忙，因此除了以採訪新聞報導方式在日本電視臺播出之外，也隨行拍了比較長的紀錄影片。

這下子陳一銘成了日本的知名人士，還有日本人專程來臺到臺南找他，親自向他致謝呢！

認識陳一銘是二〇一四年《遠見》雜誌拍攝年度特刊的微電影「李偉文的退休進行式」時，攝影團隊建議的取景地點之一是臺南西市場的「純薏仁」甜點店。

臺南當地人稱西市場為大菜市，是具有百年歷史的老市場。因地理位置在臺南市最精華的地段，除了一般人需要的蔬菜、水果之外，還有許多賣舶來品或布料、洋服的店家，是有錢人也會逛的市場。但是隨著時代變遷，大菜市逐漸沒落，甚至政府打算整個剷平重蓋大樓。

陳一銘自小住在臺南，大菜市有他的童年回憶，雖然長大後到國外讀書，但是回到臺灣工作，看著這片活生生的古蹟即將被拆除，內心很不忍。後來他遭遇意外，動了幾次大手術，躺在醫院病床上，不免想到生命的意義與價值何在？

出院後，毅然決然以大菜市的復興為職志，他除了奔波遊說，希望市政府不要拆除之外，也了解最終有效的方法應該是讓市場重獲生命力，讓民眾願意進來購買消費。於是他頂下市場裡早已歇業多年的羊肉湯店，改造成非常有質感、專賣紅豆薏仁抹茶湯圓的甜點店。

純是阿銘太太的名字，店名就叫「純薏仁」，他太太原本也算是企業的千金小姐，認同阿銘的理念，洗手作羹湯，和他一起投入非常辛苦勞累的餐飲工作。他們倆活脫脫是一對標準的文青潮男女，卻在這麼傳統的市場裡開店，這裡因沒落而多數賣攤已無營業，看來有點陰森，純薏仁就像在一片漆黑的曠野中點起一盞溫暖的燈，果然很快吸引許多文青來此打卡。

一波波湧入文青的空檔時刻，阿銘總會熱忱地向大家講起大菜市的歷史，甚至導覽參觀市場裡一攤又一攤的老店。最近在阿銘臉書中得知，荒野保護協會親子團特意安排時間請阿銘幫大家介紹大菜市。

每次到臺南，只要有空就會彎進大菜市看看阿銘，有時看他在忙不見得會和他打招呼，只是遠遠地看著，然後數數看在他身後的燈是不是又多亮了幾盞？

回應極地召喚的行者——陳維滄

「歲數從來不是重要的事，身體軀殼會老去，但心和靈魂永遠不會。」陳維滄董事長雖然這麼說，但是他的外表怎麼看也不像已經八十四歲的人，尤其在聊天中，他不時從椅子上跳起來，半跑過偌大的辦公室，找出一份又一份的資料給我參考。

當我讚嘆他的靈活與敏捷時，他又跳起來，然後彎身前屈，雙手很輕易就觸及到腳趾，原來他從年輕至今，一直保持每天一大早起床就花一個小時慢跑或游泳的習慣，前幾年到國外報名參加太空旅行，醫生做了詳細身體檢查後，認為他的體能或心肺功能都只有四十多歲。

這些年活躍老化的議題很夯，而他早在三十多年前，也就是五十歲那年退休，成立基金會從事公益活動，雖然六十歲才第一次登高山，但隨後的一次次壯遊冒險實在讓人驚嘆，尤其七十歲之後開始遠征地球的極境，六訪北極，五探南極，七到中極（西藏），酷熱的赤道與大漠，絲路行腳，深入南美洲雨林蠻荒，馳騁非洲大地……更令人佩服的是每次冒險，他必須一個人背著沉重的相機與腳架，拍出絕美的相片。

因其攝影作品，大家都稱他為極地攝影家，我卻覺得他更像是以大自然為道場的修行者。他去的這些地方稱為極境，地球上最極端的環境，要嘛冷得無法想像，要嘛又乾又熱，不然就是海拔高到難以呼吸。對任何生物而言，這些地方都是非常惡劣艱困的環境，一般人若非工作所需，為了興趣或炫耀去一次體驗應該就夠了，可是為什麼他卻在七、八十歲時，一次又一次冒著生命危險以及肉體的困頓疲憊接受挑戰？我相信這些動力一定是來自生命裡更深沉的呼喚。

這種熱情絕不是那種「我來、我見、我征服」的炫耀，而是當我們一次又一次把自己逼迫到最極端的絕境下，才能彰顯出生命的深刻與意義，甚至尋得精神與肉體的重生與復甦。

「極地旅行的確辛苦，我利用旅程的艱辛與經歷，探索自己的內在，藉此不斷重生，而且極境的孤寂就像閉關，得以思考許多人生課題。」年輕時差一點出家，後來雖然在商場上發光發熱，但是內心一直有著宗教情懷，因此陳維滄董事長自稱為行者，除了是旅行的人之外，更是個修行者，同時也表明坐而言不如起而行，強調一切夢想都要實行才能成功。

「行走在大自然裡，常常會覺得人是如此渺小，但是身而為人，卻又是這麼可貴，我常常問自己能為這片美好的大地做些什麼？」坐在川流文教基金會辦公室，看著陳董事長出版的二十多本書，每本書或每幅作品都是為了保護大自然所採取的行動。

翻閱二〇二一年底出版的《鶴采：陳維滄攝影集》是他近二十年來天涯追鶴行的成果。鶴是吉祥、長壽的象徵，既靈性又高雅，大多數的鶴是一夫一妻制，不論是在漫天飛雪中起舞，或是冰天雪地裡的對天鳴唱，書裡每一幅照片都可以框裱起來，深遠的意境不只令人感動，還足以啟迪人心。

疫情期間無法出國旅行，但陳董事長還是很忙，行程從早排到晚，還要抽空檔整理作品，原本以為他是個傑出的攝影家，仔細看著二〇二二年二月出版的《旅行中看見真善美》才發現他的文筆也真好，這本書引領探索不同民族、不同文化裡的真善美，也帶給我們更多同情與理解。

「人在追求夢想的時候，就會忘了年紀，老後生活就是把每天當作最後一天，用力過。」滿懷赤子般的好奇心，熱情洋溢地探索這個奧妙的世界，這位不老的探險家是退休長者最好的典範。

公益民宿與時間銀行——施豪峰

自從孩子上大學之後，每年的家庭旅遊就全權由她們規劃，A寶升大四到芬蘭當交換學生之前，安排了全家的歐洲之旅，算是順便送行，在倫敦的四個晚上是住在曾擔任荒野保護協會志工幹部、現旅居英國的豪峰與燕玲（行走在荒野的自然名是五色鳥及飛魚）的家。

五色鳥雖然大學讀的是物理，畢業之後卻在金融業服務，在荒野保護協會舉辦的思源埡口活動之後，繼續參加我們的志工培訓課程，後來留下來當志工，在荒野裡認識了來參加活動的飛魚，成就一段美好的姻緣（荒野是他們名正言順的媒人）！

他在大學時曾參與社團帶過小朋友的暑期營隊，一聽說荒野正在試辦親子團很開心，主動參加臺北第三團的籌備工作，後來擔任第三團的團長。

他們兩人十八年前到英國讀書，之後留在英國工作，前些年夫妻倆買了一間獨棟的房子，之後將房子稍稍改建，將二樓的房間留給親朋好友到英國旅行時暫住。

我想，到荒野當志工是他忙碌工作中最重要的精神出口，不過我相信那是一股來自內心對公益、對土地、對環境本能的關懷吧！後來他們即便到英國定居，仍然用著創新的方式從事各種公益活動的提倡。

五色鳥之所以會到英國讀書是因為在金融業工作之後，覺得若要長時間在這個領域發展，還是必須取得相關的學歷，和從事服裝設計的飛魚商量之後，認為英國在金融與設計這兩個領域都引領世界風潮，就一起到英國讀書。

很幸運的，他們畢業後順利地在英國找到很好的工作，就在英國暫時待了下來。說「暫時」是他們還想回臺灣，回饋這塊孕育他們的土地，希望能為臺灣做點什麼事，而目前經營公益民宿就是雖然遠在倫敦，仍然可以為臺灣做點事的機會。

任何人去住他們的民宿，每個房間每個晚上要先捐五百元臺幣給臺灣任何公益團體，拿到捐款收據掃描或截圖傳給他們，才算完成訂房手續。五色鳥內心真正期待的，並不只是為公益團體多募點經費，而是透過這個要求，讓民眾開啟捐款給公益團體的行動（任何習慣的養成，第一次行動是最不容易的），而且對很多人來說，平常也不太了解臺灣有哪些公益團體，剛好透過這個機會，「強迫」他們去認識臺灣的公益團體，而且五色鳥也可以藉著民眾所選擇的公益團體，與他們互動，更進一步傳遞與討論為社會付出的種種可能性。

新冠疫情在二〇二〇年爆發後，豪峰與燕玲決定先回臺灣長住，一方面省親照顧家裡的長輩，另一方面邀約一些朋友碰面聊天，他想在退休後回臺灣創立時間銀行的社會企業，想推動的模式與瑞士及臺灣正在做的不同，不以長照老人為標的，而是擴及所有年齡層的交換服務，和英國當地的做法比較類似。

時間銀行的概念在十八世紀被提出，可惜不敵以貨幣為媒介，換取任何服務的資本主義，時間銀行認為不管服務的內容為何，而是以服務時間為計量單位，也就是視所有服務都具有相同價值。

二十多年前，臺灣就有社團或社區推動時間銀行，志工服務長者可以儲存服務時數，供自己年老時提領使用。只是當年的時機或許尚未成熟，推動的規模與成效都不夠理想，如今高齡海嘯席捲全世界，當然也包括臺灣，使得許多民間團體捲土重來，包括新北市政府在四年多前成立「佈老時間銀行——高齡照護存本專案」，這裡的高齡照護和政府的長照以醫療照護為主不同，而是偏向生活服務方面，比如陪伴散步、運動或購物，或者文書服務等。

目前世界各國以高齡服務為主的時間銀行，大概以瑞士聖加侖市最為知名，這是由政府與民間合作，設定由六十歲初老者服務八十歲以上長者的經營模式。

這種「初老」服務「老老」的方式，絕對比專業制式的照顧更有人情味，帶有志工及朋友的性質，而且年齡相近，彼此講話有共鳴，對擔任服務的剛退休初老者也很有幫助，不會因為退休後生活失去重心而陷入空虛甚至憂鬱的茫然，同時因為助人的成就感而活得更積極。

我們習慣費盡心神賺錢，以為只要有了錢，就可以買到一切所需要的，但是前人的經驗告訴我們，再多的錢也無法換得真誠的人際關係，而孤獨與疏離更是錢解決不了的困境。

時間銀行並非如我們理解中的銀行，只是提供貯存與交換的機構，而是企圖建立人人都有價值的信念，也就是每個人的時間都等值，而且都有能力為他人服務。

不過時間銀行若要永續經營，必須克服幾個問題，也就是服務品質如何確保？需求的技能是否有人能提供？供需能否平衡？媒合是否有效率？如何確保彼此的安全？

對於造成過往時間銀行失敗的這些原因，我相信透過現代科技工具應該都能有效解決，至於是否能夠永續，只要參加的人數夠多，規模夠大，就沒問題了。

英國目前有三百多個組織，共有三萬多個志工參加，三百多萬個小時交換的規模，而且還在迅速成長中，因此，我對這個因應時代變遷產生的新需求，而且可以達到自助、互助、助人的社會企業，是否能在臺灣發展是滿懷期待的。

舊東西讓人放鬆心情——陳秋民

前些年有部紀錄片《積存時間的生活》，描述日本建築師津端修一與他的太太津端英子退休後的生活。

他們在片中表示買東西時要慎重，一定要買自己喜歡的，而且品質要好，好東西會愈用愈好用，同時也要傳給下一代。

他們認為生活中有超過一百年歷史的東西在身邊，真是件好事，可以讓人放鬆心情。片名中「積存時間」的意思是指他們能親手營造生活所需的器物。

這種珍惜物品的心情在這個時代是愈來愈稀有的態度，不禁讓我想起社區裡的一位老朋友、人稱鵝爸爸的秋民。

正職在東吳大學教物理的陳秋民教授，有天得知學校工友養的鵝生了一些蛋，母鵝卻死了。他把這些已受精的蛋帶回家，試著孵孵看，很認真地上網查資料，也向農委會以及養鵝的畜牧單位請教，以土法煉鋼的方法，自己設計溫度、溼度控制器，每天回家都會記得把蛋翻轉一下，想不到二十八天後，在全家人的注視下，小鵝破殼而出，也誕生了一位鵝爸爸。

從此，別人遛狗，他遛鵝，鵝很會看家，只要有陌生人來訪，呱呱叫的聲音絕對比看門狗還盡忠職守。

有位鄰居婉轉地問：「鵝可以活多久？」

他回答：「通常可以活三十八歲。」

只見那位鄰居一臉快要昏倒的樣子。幸好鵝子們平常很乖，鵝爸爸家裡有院子讓牠們活動，沒有造成鄰居太多困擾。

雖然鵝爸爸教的是物理，但是這些年也致力於科普教育的推動，以及設計手做各種可以演示的教具，將抽象的物理現象以生活中常見的物品來轉化成有趣生動的遊戲，每堂課都帶了一包包、一箱箱的道具去示範給學生看，因此練就了一雙巧手。

附近鄰居們經常見到他假日時在堆積如倉庫般的車庫裡敲敲打打，做教具或修理物品，就把家裡壞掉的東西拿來給他修，簡單的故障問題可以當場掛號、當場修好，麻煩一點的狀況則要住院幾天，因為得動手做些工具或零件才能修得好。

自此，只要社區或社團辦園遊會，他就去擺個攤位，攤位上掛著鄰居書寫的大幅布條：「什麼都修，除了小孩不修、老不修」，不論是家具、電器、玩具、木工或補胎，有求必應，你把東西搬來，他當場免費幫你修。

幾年下來，鵝爸爸有點得意地說：「社區裡，幾乎家家戶戶都有我的痕跡。」

大概是掛號待修的東西太多了，他乾脆在社區學堂裡開了一門「鵝爸爸木工坊」及「家電維修」課程，希望讓大家養成善待及珍惜物品的習慣，也為保護地球盡一份心力。

「愛物惜福」雖然是老祖先自古傳下來的訓誡，但在鼓勵消費以促進經濟成長的時代，似乎是已過時的生活習慣。不只個人很難做到，連機關團體在目前的法規或體制下，也遵循使用年限一到，不管還能不能使用，都必須報廢銷毀的規定。

前陣子看到一則新聞。英國格林斯比大教堂的大時鐘壞掉許久，教會工作人員想維修，預估需要花費新臺幣一百八十七萬元，教會沒有這筆額外的預算，打算發起募款籌措修理經費。

這時十多歲的學生和四十多歲的乳酪製造商兩個人，因平時在教會擔任敲鐘志工，打算自己試著修理看看。他們發現傳動軸的軸承很髒，而且很乾，於是自掏腰包花了新臺幣一百一十元，買了罐潤滑劑，將這些軸承清理乾淨並上油，時鐘就恢復正常運作了。

這則被當作趣聞的故事，我看了卻很感傷。當初教會找來維修的團隊應該是很專業的，但是想必他們壓根不想「修理」，認為機器已經用很久了，「整組丟掉然後換新」似乎是理所當然的事，那一百多萬元就是整組更新的費用吧！

依近代工業設計的能力，我們製造出的東西都可以使用很久，頂多只要更換其中很小一部分耗材，因此在設計之初用點心，我相信地球上人類所使用的東西，百分之九十九以上都不必因壞掉而整個扔掉。

可惜的是，幾十年來科技及生產技術的進步，一是器物不斷推陳出新，二是大量生產使得東西愈來愈便宜，整個社會的消費觀早已不是尋找耐用的東西，而是購買最新、最時髦的流行物品，以便在社群裡炫耀，往往只要出新款，舊的就扔掉，即便還沒壞。這個消費觀受到政府及廠商的歡迎，畢竟不斷地消費，國家經濟才會活絡；消費者不扔掉舊產品，企業怎麼賣出新產品，業績不好，他們怎麼存活？

有些廠商為了不斷地推出新產品賣給消費者，非常「用心」地設計產品，想辦法讓產品裡有個「最脆弱」的環節，時間到了（即出廠後的保證日期，通常是一到三年），就「一定」會壞掉，但是廠商「刻意」地不準備這些一定會耗損的零件，若在保證期限內壞掉，修都不修直接換一個全新產品給你；若過了保證期限，就說這款舊產品已經停產了，沒有零件可換，鼓勵你買新款產品，反正現在商品都大量生產，買新款也不會很貴。因此，現代社會就有了很荒謬的現象，明知道只是個小零件壞掉，但是廠商會推託沒有零件，若你堅持一定要修，付出的代價往往比買全新的第二代還貴。

這些被「消費」掉的產品，尤其是電子產品，其實只要好好設計，每樣東西用十年、二十年，甚至更長時間，都是沒有問題的，但是這些電子產品前面被冠上「消費性電子產品」，也就是這些耗費大量能源開採原料、製程中排出很多有害物質或氣體的電子產品，卻被當作免洗碗筷一般，消費後就丟棄。

這些已被製成產品的原物料很難再回歸地球，在封閉的地球元素循環中再利用，以人類這麼龐大的人口，這麼旺盛的消費活動，這艘如「太空船」般的地球，資源何時會耗盡？

拖鞋教授的海洋之夢——蘇達貞

「你知道全世界近二百個國家中，哪兩個國家對民眾划船出海是有管制的？」

答案是北韓和臺灣。

全世界只有這兩個地方，任何人想划著船離開海岸線，必須事先向政府申請，取得核可才能上船。

以上是海洋大學退休教授、創辦蘇帆海洋教育基金會的蘇達貞教授告訴我的。我們都叫他拖鞋，學生叫他拖鞋教授，因為蘇達貞教授在海洋大學任教時，常常穿著拖鞋、短褲就站上講臺講課。

其實滿感慨的，臺灣明明是個海島，但生長於其上的子民，對海卻很生疏，到海邊只想吃海鮮，連海岸都不太敢靠近，這種恐懼海洋的心情，從老百姓到政府都是一樣的。

如此環境下沒有辦法養成朝向世界、勇於冒險的海洋文化，反而變成只會朝向擁擠的島內，搶奪有限資源、胸襟狹隘、眼光短淺的島國心態。

十多年前認識拖鞋教授，曾多次和他一起旅行，除了他腳上的拖鞋之外，不管怎麼看，都像是個謙沖自持、溫文儒雅的長者，絕對無法想像他是個懷有瘋狂大夢的人。

二〇〇九年，拖鞋教授帶著一群大學生划獨木舟環臺；二〇一三年，帶著八位不老水手勇闖太平洋清水斷崖；二〇一四年，他率領十六位年輕人親手打造一艘帆船環遊世界。這種行徑似乎既大膽又危險，但是這些活動都經過縝密的計畫，拖鞋教授說：「一個偉大的冒險家從來不做冒險的事。」

數十年來，拖鞋老師極力推動海洋教育，他認為住在海島上的我們，沒有理由不認識海，他把從大學教職退休後所有的退休金與資產全部捐出，成立了「蘇帆海洋文化藝術基金會」，就是希望讓臺灣人民不再懼怕海洋。拖鞋老師感慨多年來媒體不斷恐嚇民眾大海很可怕、很危險，政府也不讓老百姓接近大海、遨遊於大海，這是個很荒謬的海洋國家。

如同拖鞋老師所說的，海浪和潮汐是大海的呼吸，它有一定的韻律、一定的節奏。海洋中的海流和陸地上的河流、人體的血液一樣，是海洋的循環系統，也有一定的路線、一定的速度。親近海洋的人了解它、敬畏它、喜歡它；不曾親近海洋的人卻大多誤會它變幻莫測、隱藏著危機、充滿神祕。人類大多數的恐懼來自於無知，我們對海洋的無知，造就了國家、社會、學校與家庭根深柢固的恐海教育。

他在二〇一四年開始進行「DIY帆遊世界計畫」，親手設計打造一艘船，參考古太平洋島民所設計的獨木舟，以方便組裝和拆卸為觀念，讓小船可以到達任何孤島，登陸任何沙灘或礫石灘地形，更神奇的是能在海灘上拆卸，不需要停靠在任何海港，以「一個島接著一個島」的「跳島」方式來完成帆遊世界的目標。

拖鞋老師用背包客為例，主張人人都可以做個「飄洋過海的背包客」，認為不能放進背包的東西，就是你不需要的東西，只攜帶一個背包即可出海，環遊世界。

很多人的夢想都是環遊世界，但絕大部分人都只是想想而已，因為沒錢、沒時間，可是等到哪一天真的有錢、有時間時，卻沒有體力了。當然也有少數人真的上路了，有徒步的、有騎腳踏車的，更有搭公車、搭火車、搭便車等，這些勇於實踐的人更懂得生活，也更能體會生命的意義。

不過，拖鞋老師認為與這些人相較之下，搭帆船環遊世界反而簡單、輕鬆多了，而且還是最經濟、最省時間的環遊世界方法，而且即使我們真的走完世界各個國家的陸地知名景點，還是錯失了百分之七十的世界。

我知道大部分人一定不相信自己有能力搭著一艘小小的帆船遠遊，其實夢想的實現並不是那麼困難，只要你願意去行動。

拖鞋教授說：「明天要做的事是你一輩子都不會做的事，只有今天做的事才是真正會做的事。」

很慶幸臺灣有個像他這樣既浪漫又實際的夢想家，讓這個世界充滿光彩，也讓人覺得生命之旅真是繁華處處，美好而令人感恩。

為何你要一邊折腰一邊靠腰？

蘋果電腦創辦人賈伯斯有段一再被引述的話：「只有相信你做的是偉大的工作，才能獲得真正的滿足。只有熱愛你的工作，才能做出偉大的工作。如果你還沒找到熱愛的工作，那就繼續尋找，不要妥協。就和感情一樣，找到的時候，你自然會知道。」

這一段話不能說是錯誤的，但恐怕只適合一部分的人，若是人人都帶著「極高」標準看待眼前的工作機會，毫不妥協，一直更換工作，那其中絕大部分人可能終其一生還是找不到自己熱愛的工作。

不論是熱愛的工作、一生的志業或愛情，並不是「找到的時候，你自然會知道」，雖然我們期待志業的出現會如愛情一樣，遇見時內心有鐘聲響起，心跳會加速——賓果！就是這個！但期待不見得是事實。真實的生活中，這些我們原本以為很神聖的志業或愛情，常常以非常混亂的方式出現，是一連串的偶然或意外，過程也許充滿困惑、挫折、沮喪，可能是跌跌撞撞的失敗收場或勉為其難地應付著。

有時原本喜歡的工作做了一段時間會產生索然無味的感覺，也有許多工作剛開始不怎麼喜歡，做久了從中找到意義，接著熱情從小小火苗慢慢點燃起來。

不要太早下定論，多給自己一點時間去適應，同時嘗試遇到的每個機會，因為不知道那些未知的機會能把我們帶往什麼樣的未來。

長久以來，我的行動策略是「爭一時也爭千秋」。以生涯選擇而言，要照顧到現實生活，但工作之餘也不忘夢想的追求；對當前工作而言，不輕易以不符合興趣離職，但利用下班後或週休假日持續探索其他專長。

很多工作做不好就不會喜歡，因此不喜歡的工作也許只是還沒做上手而已。有位朋友要求自己，轉換工作的條件是把那樣工作做得比同事和同行的平均水準還好才能辭職，這是個可遵循的標準，比抽象的「你就是知道」來得具體多了。

曾到教育電臺接受「教育好夥伴」的主持人胡語珊訪問，提到雙胞胎女兒姊姊A寶的新書《向世界投履歷——找到未來的自己》，語珊對書中的三個提問特別感動：

做什麼事情會讓我的心在唱歌？

我擅長什麼？

我可以為世界貢獻什麼？

錄音時，語珊似乎有點哽咽，錄完節目，她繼續與我討論，認為周邊有太多人一面為五斗米折腰，一面不停地抱怨靠腰。

「咦，折腰靠腰，還押韻喔！」

「當然，我講話喜歡押韻，我轉法律系之前，可是讀中文系的哦！」

的確，太多人一邊工作一邊抱怨，不知道是他們太沒有勇氣還是太沒有自覺？

我在A寶新書的序裡寫：「時代變化太快，愈來愈不可測，沒有人敢斷言未來會是什麼模樣，也沒有人知道該做什麼準備，該學什麼知識或技能才會有安穩的工作？面對這個不確定的世界，迷惘是正常的，鼓勵孩子勇於冒險，並不是為了找工作，而是找到未來的自己，那個自己也喜歡的自己。如果一切都不確定，那麼不如放開功利與現實的考量，勇敢去追求每個人內心深處那個能讓自己眼睛發光、每次想到就迫不急待想去做的夢想。」

如果我們為了五斗米而折腰，做自己不想做，甚至討厭的工作，會有兩種結果，一種是有賺到錢，但是不快樂；另一種是賺不到什麼錢，同時也不快樂。

而且我相信第二種可能的機會高很多。競爭劇烈的時代，你不喜歡你的工作，一定不會有做到傑出的企圖心，就會被很喜歡這個工作、可以被為它不眠不休的人淘汰。

相反的，如果做的是會讓自己的心在唱歌的工作，假如那件事很冷門，賺不到什麼錢，但至少我們會很快樂，當然也有可能這件事可以讓我們賺到錢，那不就更令人開心嗎？

黛安・艾克曼（Diane Ackerman）在《稀世之珍》（*The Rarest of the Rare*）書中寫到，她拜訪短尾信天翁途中遇到一對夫妻，先生是建築師，太太在金融業工作，每天規律地生活，可是有一天忽然對自己說：「等我六十歲時回首前塵，自問這一生做了什麼。沒錯，我有一份工作，有一些財產，但是我到底做了什麼？」想到這裡，他們夫妻倆就放棄一切，變賣房子，買了露營車，開始環遊世界，走訪全世界的海鳥棲地，打算為世界留下有關海鳥的紀錄。

懷著大愛做小事，也許他們做的是在別人眼中微不足道的小事，甚至他們心目中也沒有想著自己是懷著什麼奉獻的心情，只是如同日常生活般，做著他們可以做的事。

我們常說在別人的需要中，看到自己的責任，這裡的責任不是來自於老闆或別人對你的要求，而是來自於我們對生命價值與生命意義的追求所呈現的態度。

據說古希臘哲學家蘇格拉底（Socrates）臨死前說的最後一句話：每個人身上都有太陽，只是要讓它發光。日復一日忙碌的生活中，常常會被疲憊與壓力給困住了，或許我們需要一些人物典範來激勵我們，再度讓心中的太陽重新發光發熱。

轉念，從職業、事業到志業

曾應臺中地區建築人聯誼會之邀，到他們的月會做專題演講，我當然把握機會講有關退休的議題，這些人都是建設公司或營造廠的董事長，是有資源、有影響力的人。

演講到後來我發現不對勁，這些大老闆是永遠不會退休的，他們白手起家創下龐大企業，怎麼能夠放心地交棒給年紀尚輕的兒女一輩？

於是話鋒一轉提醒他們，年輕時我們初入社會想的是找一個好職業，等到有些經驗與人脈後，就會想創立屬於自己的事業，當事業有成時，也許可以將發展事業的動機轉化成為人生的志業。或許仍然做一樣的工作，但動機從為自己與家人謀幸福，擴大為照顧全社會與未來世代時，事業就變身為志業。

講到這裡，總算看到他們眼睛閃現著光芒，心裡才鬆了一口氣。其實這是我的真心話，心態會決定事業的格局，更能彰顯自我評價與幸福感。

尤其，隨著年齡愈大，我們擔心時日無多，對生命流逝有莫名的焦慮，尤其現代人時時連線上網，分分秒秒被無數的訊息轟炸所形成的時間壓力，也是沮喪、憂鬱的來源。曾有一個實驗研究人們對時間的感受。

研究者針對不同的情況設計實驗，包括把時間花在自己身上、無所事事地浪費時間、度假享樂和當志工幫助他人的時間感受。結果發現，把時間花在別人身上時，我們主觀感受上會覺得時間比較充裕而且沒有壓力。

對離開職場無所事事的人來說，最大的失落來自於不再被人需要，覺得自己已經沒用、即將報廢的感受對精神與心靈健康是很大的傷害。而當志工在幫助別人之中，獲得被需要的存在感，心靈不再自我孤立、自我厭棄，研究發現，付出是療癒自己最有效的方法。

的確，對退休的人來說，能夠持續為社會、為人群付出，對自己身心靈的健康具有強大的功效，而且當我們能夠透過當志工的機會，做到無目的或不求回報的付出，自己的生命與世界都將改變。

真的，不必等到退休或什麼天時地利人和的特殊日子，現在就出門去當志工，世界正在等待著我們發揮多年人生經驗所累積的能力。

志工除了熱情之外

英國作家理查・柯克（Richard Koch）說：「別浪費時間去超越你對蛇蠍的恐懼，最好的方法就是迴避牠們。」

蛇蠍當然只是比喻，這個句型或提醒可以套用在人生很多事物上，也就是只要有迴避的空間，繞過去比正面迎戰來得有效率多了。「愚公移山」只是個成語，就像所有勵志格言般，只是一種期待而不會在真實世界裡發生的事。

我會提醒有心參與公益團體當志工的朋友：「不要把追求目標過程碰到的障礙當成目標。」意思是說，雖然每個志工都是不為名、不為利，只為組織訴諸的理想奉獻，但做事情的是有血有肉、有情緒的人，每個人的生活背景與做事方式都不一樣，在一起做事過程中的不同意見與摩擦一定是免不了的，萬一在溝通過程中，態度、語氣稍一不慎，彼此就結下梁子了，也許會讓我們生氣、灰心、想放棄、離開組織，也就是我所謂的「障礙」，可是只要組織的理想還在，還值得我們繼續付出，這個障礙就完全不重要，只要繞過去就好了。

除了當志工之外，我們的工作或生活，甚至交朋友、與家人相處都是一樣，花心力去對抗某件事情時，要提醒自己用更高、更全面的觀點來審視，思考對抗值不值得？如果後面有更重要的東西，或許可以選擇繞過這個障礙，將精力與時間放在值得追求與付出心力的目標上面。

曾在報上看到一則有趣的新聞。

美國有位八歲孩子偷偷將自己寫在筆記本裡、附有彩色鉛筆插畫的故事書，偷偷塞到社區圖書館的書架上，希望將他創作的故事分享給別人。

隔兩天，他和媽媽想去取回他的筆記本，卻發現不見了，只好硬著頭皮去問圖書館員。原來是圖書館員整理書架時，發現了這本「書」，覺得內容很有趣，正在館員間傳閱。

獲得小男孩的同意後，圖書館在書上貼條碼列入館藏的書目，供民眾借閱。這個訊息流傳開來後，這本故事書成為社區圖書館最多人等著預約借閱的熱門書。

這讓我想起荒野保護協會成立的一九九五年，當時還沒有線上社群，甚至網路在國外剛發展沒多久，臺灣還沒有多少人知道這個新媒介，大部分宣傳行銷還必須在實體世界中進行。

當年荒野保護協會正在籌備階段時，沒有知名度，也沒錢宣傳，於是我自費印了一些彩色DM說明我們的理念，以及索取資訊的地址、傳真，還有聯絡電話，印好後又面臨另一個問題——如何將這些DM送到有興趣的人手中？

我常上圖書館借書、讀書，靈機一動之下，開始遊走各個大小圖書館，偷偷將這些DM夾進有關自然、生態環保或戶外休閒……這些類別的雜誌或書籍中，我只要花點時間，就可以將訊息以最省資源、最精準的方式送到目標對象眼前。

像這樣自力救濟，隔了幾年又進行一次。

那時候荒野保護協會已成立八年多，志工人數很多，各志工組織逐漸完備，發展出較有系統的理念架構，於是想透過出書和社會大眾介紹荒野（對象不再局限於原本喜歡大自然、關心環境的民眾）。

二〇〇三年十月由正中書局出版了我的第一本書《你每天都在改變世界——一個牙醫師的荒野大夢》，包裝成勵志書。另一本是二〇〇四年元月由野人出版社發行的《我的野人朋友——十六個守護自然的遊俠故事》。

新書出版後流通到各個書店賣場，當年還沒有臉書等社群媒介，線上也沒有太多有趣的影片，大家還是習慣逛書店，也會買書。當時有許多荒野的志工一下班就主動到各書店去巡查新書，趁店員沒有注意時，偷偷把這兩本書擺到最明顯的位置——夾在書架裡的就拿出來擺到桌面平臺，已擺在平臺上的就把書豎起來。

多虧了這些志工的努力，沒有任何知名度下的這二本應該算是冷門生態環保類的新書，居然雙雙衝上排行榜，現在回想起來，不得不佩服這群熱情又有謀略的志工。

參與社團當志工有很多不同的服務方式，有的是慈善服務貢獻時間與勞力，也有的還必須動腦筋辦活動，如果有機會能參與比較複雜的工作，還有訓練大腦的附帶好處，不過，無論如何，只要當志工，多與人接觸，就可以帶來身心的健康與生命價值的圓滿。

PART 4

大地萬物共存共榮

為什麼環保團體反對經濟全球化？

雙胞胎女兒都有好朋友正在英國工作或讀書，對英國脫離歐洲聯盟的相關消息很關心，一邊看著報導，一邊問我：「為什麼有人評論說英國脫歐是為全球化敲響了警鐘？」

A寶湊過來討論：「有人說美國前總統川普引起的風潮也是保護主義興起的徵兆。」

B寶想起我以前講過的「為什麼環保團體和大部分的公益團體都反對經濟全球化？」

我點點頭：「簡單的結論是，現在全世界絕大部分的問題，比如貧富不均、不公不義，以及自然環境的破壞，都來自於沒有適當管制的經濟全球化。雖然許多人接受麻省理工學院經濟與管理學教授雷斯特・梭羅（Lester C. Thurow）所說：『不論你喜歡或不喜歡，全球化都不可能停止，你若選擇不加入全球化，等於選擇貧窮，全球化是個屬於勇者和強者的時代。』但還是有許多人懷抱著悲天憫人的心情，覺得全球化讓世界上愈來愈多人餓死，以及帶來生態環境無法挽回的傷害，而選擇反對全球化。」

B寶有點困惑：「可是也有很多人說全球化讓窮人買得起東西，改善生活？」

我回答：「全球化最原始的理想是期望大眾的資金能夠經由股市募集，以大資本強化企業推動及運用知識與科技的創新能力，以最有效率的方式製造成本更低廉、品質更好的產品來改善人民的生活水準，以及分享經營的利潤。理想很好，但是若加上自由化，關稅壁壘的喪失，必然形成全球化競爭，初期或許是百家爭鳴，市場一片蓬勃，但是很快的，企業會以大吞小的方式，形成壟斷性產業，喪失了生物（或產業）的多樣性。而且低價競爭會帶來資源浪費，一方面是地球上有限的資源是否能夠承受得了競爭所帶來的消耗，另一方面由於競爭及科技形成產能過剩，供過於求，並因過度競爭，企業利潤消失，基層員工遭殃，形成貧富不均，廣大民眾反而更苦。再加上大企業是由眾多投資者持股，只在乎企業賺不賺錢，只關心短期股價的漲跌，因此不太可能顧到社會正義，或地區性永續發展。甚至我們會發現在市場經濟全球化之下，幾乎已經沒有可以自給自足的地區，全世界各地區之間已經沒有緩衝區，在自由競爭市場機制之下，已喪失了多樣性。我們知道在自然界中，單一化是最不穩定的。」

AB寶靜靜地思考著我說的話。我繼續以她們比較熟悉的、有關環境保護方面舉例：

「市場全球化之前，也就是地方經濟時代裡，自然資源和當地使用者間的回饋，感受十分直接，因此可以維持著動態平衡。一旦市場規模已超越當地，擴展到全國，乃至於全世界，形成大企業以全球觀點來控制生產與銷售時，維持一個小區域的地方生態平衡回饋機制就喪失了。數不盡的例子顯示，幾乎所有國家的許多在地產業，如伐木工人和漁民都是全球化的受害者。比如跨國伐木業者會在全世界找最便宜的生產地，選定砍伐地點時，短期內當然會創造當地大量的就業人口，當地人短暫獲得較好的收入，可是一旦把當地的樹木全部砍光之後，跨國企業就轉移到下一個國家、下一個便宜的產地，原先當地的伐木工人當然就失業了，而且這一失業就是永久失業，並造成生存上的困難，因為當地的生態系統與自然資源完全被『消耗殆盡』了，這就是成語講的『涸澤而漁』，當地的老百姓與產業被當作『柴薪』燃料般使用，以支撐資本主義全球化形成的市場低價競爭。」

A寶開始擔心了：「那怎麼辦？」

我仔細地說明：「全球化趨勢是一條不歸路，不可能再走回以前所謂『部落文化』般的關稅壁壘。或許我們可以重新思考，哪些東西適合全球化，哪些最好能夠保護地方的完整性。比如說，自由經濟的全球化勢必要接受一些管制與規範，不能以弱肉強食的叢林法則來壟斷市場。若沒有規範，經濟力量一定會愈來愈集中在少數大企業手中，使他們儼然成為『私人政府』，對真正的政府有很大的影響力。那麼原本為平衡政府獨斷力量而發展的自由市場經濟制度，反過來和政府聯手，形成了新的獨裁力量，和真正的民主真諦背道而馳，儘管它打的名號是自由開放與民主。」

A寶若有所思：「打著自由開放名號卻形成新的獨裁，現在許多跨國企業的影響力似乎就是如此。」B寶附和A寶：「這些新霸權和以往帝國主義的獨裁不一樣，也更不容易被人民的力量來推翻吧？」

我笑笑地安慰AB寶：「對於『經濟全球化』的改變，我是樂觀的，因為經濟全球化是以法律規範等人為方式產生的，當然同樣可以用人為治理的方式彌補其不足！」

結束這場談話，我看B寶用不同的態度重新看著她前面的資料，我一邊想著，改變目前經濟全球化真正阻礙的力量或許就是我們自己，就是我們習以為常的生活方式，是我們內心的貪婪，為了物質享受捨不得改變生活方式；是我們的懶惰，只想抄捷徑、搶短線，找最容易的路走；是我們偏狹的心，無法彎下腰傾聽大地的心，傾聽別人的心，不願更寬容、更柔軟地看待所有不同的意見。

從動物園到現代方舟

很多年前，新竹市動物園因部分場館重新裝修，將猩猩與老虎暫時移置他處，學日本熊本市曾用過的行銷宣傳手法，在市長臉書詢問說老虎跑到哪裡去了？結果讓市民以為動物園的老虎逃脫，引起一陣恐慌。

當年雙胞胎女兒A寶看到網路上的評論，問我：「不少人認為把動物關在籠子裡供人觀賞是很不人道的事，爸爸你認為呢？」

B寶也附和：「國際上許多從事動物權益運動的人主張應廢除動物園，可是為什麼你在擔任荒野保護協會理事長時，卻曾與臺北市立動物園合辦過活動？當時沒有被人批評嗎？」

我點點頭說：「沒錯，以前動物園的確是動物的殺手，但是這些年隨著時代進步與環境變遷，大部分的動物園已轉型成現代方舟，成為拯救動物生命、繁衍物種的庇護所了！」

「為什麼？」我這麼一說，果然立刻引起AB寶的興趣。

我繼續回答：「人類在三、四千年以前就開始圈養動物供人觀賞，甚至有些動物園曾經是人獸格鬥的競技場，直到歐洲的大冒險時代，許多探險家到全世界蒐集各種珍奇異獸，然後買賣供人欣賞，這大概是現今動物園的起源吧？當時為了展示活生生的動物，往往在捕捉、運送過程中死掉十數倍的動物，那時候也不太會飼養，加上動物關在狹窄的籠子裡，通常很快就死掉，又必須到野外去捕捉，當時的動物園的確是動物的殺手。」

A寶問：「現在有什麼不一樣嗎？」

我回答：「現在的動物園已經不能購買野生的動物，而是透過與其他動物園所繁殖的動物彼此作交換，甚至動物園已轉型成生態保育運動的附屬機構，擔負現代方舟的角色，也就是為那些族群數量非常少、自然棲地裡有許多危機而瀕臨絕種的生物當作庇護所或復育中心。」

B寶懷疑：「這些工作應該是由學術單位或生態保育機構來做吧？怎麼會由娛樂為主、賣門票的動物園來做呢？」

我點點頭回答：「妳說的是沒錯，但是動物園一有場地，二有人員編制，除了飼養，更可以進行研究，同時賣門票有經費，復育物種是很花錢的，而且更重要的是，透過孩子們喜歡參觀動物園的機會，正是從事生態保育、環境教育的大好機會！」

我停了一下，繼續說：「妳們很喜歡的作家杜瑞爾（Gerald Malcolm Durrell）對動物園的轉型有很大的貢獻。他很小的時候就在火柴盒裡養昆蟲，夢想擁有一個自己的動物園，長大後寫了幾十本非常暢銷的書，也主持與拍攝了許多很受歡迎的電視節目，宣傳愛護動物、保護環境的觀念，最後他創立了幾個基金會以及理想中的動物園。」

B寶想起來了：「他描述小時候住在希臘小島的故事真的是太爆笑了，好好看！」

我嘆了口氣：「他曾經反駁那些到動物園抗議的志工，他說，認為動物園裡的動物飽受折磨，而住在大自然裡就像住在伊甸園中，其實是不對的。野生動物必須面對不斷尋找食物的勞累，隨時得躲避敵人的精神壓力，還有疾病以及寄生蟲的騷擾。在大自然裡，大部分的動物尤其是新生兒的死亡率是非常高的。」

A寶有點不服氣：「動物在大自然裡即便比較危險，但畢竟是自由的，總比一輩子被關起來好吧？」

「嘿！杜瑞爾對這個問題也有回答，他認為人類對自由這個名詞太偏執了，其實動物不見得有人類這樣的自我意識，活下來並繁衍後代，大概就是所有動物演化最核心的目的了。何況我們必須面對一個現實，因為人類的擴張，地球上可供野生動物生存的空間愈來愈少，牠們在自然野地裡存活也愈來愈困難，據統計，目前約有二千種脊椎動物必須靠世界各地的動物園或庇護站的圈養以避免物種的滅絕。」

「哇！這麼多！」AB寶有點驚訝。

「杜瑞爾在著作中不斷強調，動物園可以就近從事動物行為的研究，最終目的應該是更能有效地幫助野生動物，只有了解各種不同動物的不同需求，才能成功地保護牠們，而且動物園也一定要繁殖復育動物，再找機會野放到大自然裡，讓牠們在方舟外的真實世界中生生不息。」

A寶很好奇：「那他自己的動物園有成功野放的紀錄嗎？」

我點點頭：「有，但是努力了幾十年，真正成功的例子並不是很多。主要是原本的自然棲息地條件不見得很好，還有盜獵者去偷獵那些珍奇的物種，這也是目前還有二千多種瀕臨絕種的脊椎動物還被人工圈護的原因！不過話又說回來，這樣的圈養也不是長久之計，因為物種面對各種自然環境的挑戰，不管是乾旱或疾病、寄生蟲、捕獵者，雖然有壓力，很危險，但這是演化的自然現象，當我們為動物消毒除蟲，給予豐富而均衡的食物，只會把牠們養得愈來愈嬌弱，更無法在大自然裡自己求生了！」

A寶很好奇：「那你到底是支持還是反對動物園這樣的機構？」

我想了想，為這場討論作總結：「許多關心大自然、立下保護動物心願的人，都是來自於小時候參觀動物園所燃起的好奇與讚嘆，動物園裡活生生的動物，可以提醒我們與動物共享這個世界，人類所扮演的角色與必須擔負的責任，所以動物園還是有存在的價值，不過我們必須共同監督，不要讓動物園成為只是娛樂或營利的單位。」

說到這兒，我想起美國紐約布朗克斯動物園（Bronx Zoo）曾有個展覽室，標示著「地球上最危險的動物」，進門一看，只有一面大鏡子。沒錯，如果以地球上其他動物的觀點來看，人類才是最危險的動物，而不是新竹那隻疑似跑出動物園的老虎。

海洋中的流星雨

搬到山上後，對一年四季的變化，感覺具體多了，不必再像住在都市裡的人必須透過換季大拍賣廣告來報訊。

春天假日午後，和雙胞胎女兒AB寶在社區後山散步，看到遠遠近近各種樹木枝椏末梢，透出淺淺深深的各種綠，嫩綠、鮮綠交錯，我們就知道春天到了！

A寶突然問我：「爸爸！春天裡，臺灣最特別的生物奇觀是什麼？」

哇！這下子考倒我了！雖然春天萬物甦醒，展現蓬勃的生機，許多昆蟲或植物都在春天開始新世代的生命樣貌，但是有能讓常年在大自然跑跳的AB寶讚嘆的景觀嗎？

一邊思索著，一邊想起媒體最近正在報導三月媽祖遶境行腳，靈光一現：「每年春天，剛好就是這幾天，農曆三月第一個月圓後的幾天內，在日落天黑的二小時之後，臺灣近海所有珊瑚會同時產卵，想像一下，當數以千萬計的精子與卵子在海中飄流時，真像是一場絢麗神奇的流星雨呢！」

果然引起ＡＢ寶的好奇，Ａ寶問：「每年產卵一定在固定的日期與時間嗎？這太不可思議了！」

我點點頭：「所有的珊瑚會同一時間產卵，當然是演化而來的生存機制，不必透過指揮而能同步動作，我想是珊瑚可以感測到每一年的周期，比如春天的溫度；每一個月的周期，比如月亮圓缺所引起的潮汐水流變化；以及每日的周期，比如選在天黑之後。」

Ｂ寶則補充：「你說的演化形成的生存機制，是不是像十七年蟬的大發生一樣，同時出現，以牠們為食的天敵怎麼吃都吃不完，族群就有機會繼續繁殖綿延了！」

我給Ｂ寶按個讚，然後問她們：「珊瑚是動物還是植物？」

Ａ寶瞪了我一眼，彷彿怎麼問這麼簡單的問題，同時推推Ｂ寶說：「Ｂ寶曾經在荒野的炫蜂團報告過珊瑚。」

Ｂ寶說：「很多人以為珊瑚是不會動的植物，其實牠是動物，把水母倒過來就是珊瑚蟲的樣子。牠的觸手向上，底下的身體固定在牠自己分泌出來像骨骼般的杯座上面，往往一大群一大群生活在一起，甚至可以形成珊瑚礁，或者一整個島嶼呢！」

我繼續考她們：「所謂珊瑚白化又是怎麼回事？」

這時Ａ寶搶先回答：「雖然珊瑚的生命力很旺盛，但是假如生存環境遭到破壞，那麼與牠共生的藻類就會離開珊瑚蟲，使得珊瑚褪色變白，之後珊瑚蟲就會死掉。」

我也給Ａ寶按個讚，補充說明：「珊瑚生長所需的養分多半來自於與牠共生的海藻，因此會影響海藻行光合作用的因素，比如海岸施工泥沙落海堆積在珊瑚上，或者海水的溫度，比如全球氣候異常或核電冷卻排出的熱水等，都會影響到牠們的生存。」

喜歡看新聞的Ａ寶忽然有點擔心：「報紙說許多觀光客到臺灣會搶著買珊瑚回家當裝飾品，有沒有辦法管制啊？」

我嘆了口氣：「利之所趨，恐怕有點困難，還需要更多民間團體督促政府訂定明確的保護規定，而且不能只從源頭著手，還要從消費端來做管制。對了，妳們說說珊瑚礁對生態環境有什麼貢獻，否則如何說服觀光客要保護牠們？」

Ｂ寶說：「珊瑚礁號稱浩瀚大海中宛如沙漠的綠洲，又有海洋的熱帶雨林與海底花園之稱，是許多海洋生物的生存環境，也是許多魚類幼苗成長的躲藏空間，可說是魚類資源的庇護之地。」

A寶也補充：「珊瑚礁岩可以保護海岸，也是船隻的天然避風港，更是休閒活動生態觀察最棒的地方。」

我們一邊走一邊聊著，不知不覺就繞回到社區，最後我下了結論：「臺灣是全世界珊瑚分布最北的地區，海裡的珊瑚與陸地的熱帶雨林是地球最重要的兩個生態系統，而且珊瑚在生長過程可以吸收融入水中的二氧化碳，對於減緩暖化與維持全球氣候的穩定有很大的貢獻。臺灣沿海擁有很豐富又多樣的珊瑚，我們應該竭盡所能保護牠們，也是善盡臺灣身為地球公民的一份責任！」

守護都市裡的自然棲地

「爸爸，你長期以來一直鼓勵民眾多接近大自然，可是又反對大家退休後搬到鄉下，這會不會矛盾啊？」雙胞胎女兒Ｂ寶聽我在電話中與荒野保護協會志工討論如何遏止農地變豪華農舍，不禁好奇地問我。

我還沒有回答，Ａ寶就搶先說：「這不一樣，享受大自然的美好並不一定需要到鄉下買農地、蓋別墅，妳有沒有看到北部宜蘭或南部美濃，很多很好的農田變成一間間都市人度假的水泥房子，多麼可惜啊！」

Ｂ寶的問題觸動了我內心的愧疚感，的確，這些年來，我們訓練了很多志工，帶領無以計數的民眾認識臺灣，進而體會山林的美好，不可否認的，應該有許多人因而興起搬到鄉下定居的念頭，我們會不會間接成為傷害臺灣農林地的罪魁禍首呢？

我嘆了口氣，附和Ａ寶所說的：「臺灣的交通很方便，若真的想接近大自然，也不必搬到山裡面。這幾年我們反而提倡大家盡量住在都市裡，把城市變成適合人、也適合各種動植物居住的生態城市。」

說著說著，我就把手上正在看的二〇二二年十月中舉辦的論壇——「城市生活、環境、生命、生態城市的實踐力」會議資料拿給B寶看。

B寶念著論壇裡荒野保護協會所做的報告引言：「與自然和諧共處共生是古今人類追尋安身立命之道。聯合國人口基金會統計，全球超過百分之五十的人口居住在都市地區，而臺灣高達百分之八十的人口居住在都市。人口大量的匯聚，衍生出種種環境問題，除了空氣汙染、水汙染、垃圾之外，還製造出許多新議題，包含溫室效應及生物多樣性等問題。居住在臺北盆地的都市人，正享受著前所未有的富足物質與便利生活，但也直接、間接地影響著我們賴以為生的生態系統。都市化水泥叢林無限擴張、人工植栽取代原生草木，自然棲地快速消失，對都市生物多樣性的衝擊甚鉅。因此我們致力推動『公園生態化』運動，以『你的公園我的家』做為行動意識訴求，守護都市自然棲地，為同住在都市裡的其他生命發聲請命。公園生態化運動是一場溫柔革命，稱之為『運動』、『革命』，乃因此為挑戰個人價值觀、環境意識的長期革命之役。」

聽完B寶朗讀的內容，A寶也附和：「我知道公園生態化運動，今年寒假我有帶幾個外國朋友去當榮星花園營造生態水池的志工。」

B寶放下論壇的手冊，回想著：「我們讀國中時曾到上海參加世界博覽會，好像整個大會主題就是低碳節能生態環保的永續城市，對吧？」

我點點頭：「一個能夠讓人覺得美好的城市，一定是活生生的、充滿生命力的，若能在人工建築中保留一些植物與生物生存的空間，才是符合人性的空間啊！」

A寶想起（前任）臺北市市長的政策：「柯P上任後曾說要在人行道以及建築物四周或屋頂種菜，假如真的做得到，那麼臺北市就真的到處充滿活生生的生命了！」

我點點頭：「現代人壓力都很大，人車擁擠更增添每個人的焦慮與煩躁，若是生活視野所及多一些綠色植物，多一些自在飛翔的鳥，一定會讓每個匆匆忙忙的人放鬆一下心情，多一些幸福感。而且一個地方會不會形成我們精神上的故鄉，很大一部分是來自於日常生活的環境是否充滿了與自然生命的互動。因此，都市裡若能保留相當數量的自然荒野，不僅對當時的生活品質有助益，長期來看也可以凝聚愛鄉愛土的情懷。」

聊到這裡，AB寶的視線又回到她們的電腦上，繼續忙她們的事，我則從落地窗望向正前方的觀音山，也看著左前方的新店溪蜿蜒地越過整個臺北盆地，一邊想著面對全球化競爭，城市扮演的角色逐漸超越了國家時，我們勢必把心力放回城市，畢竟到深山裡建築一座香格里拉是不切實際的，不如想辦法在人間蓋一座大觀園，成為一座理想宜居的城市。

若是以人均排碳來論，住在高樓林立的都市裡，的確比住在郊區大房子而開車上下班來得節省能源。低碳城市是當前國際大都市致力追求的目標，除了防止全球暖化、節約能源之外，也能降低環境汙染，增進生活品質。

低碳城市除了提倡綠建築，最重要的是整個城市規劃設計觀念的改變，比如：將以車子為主的街道還給行人，馬路除了交通功能，應該還可以用來逛街、遊戲、吃飯、喝咖啡，也就是營造出一個可以散步的城市。鼓勵以自行車當作通勤的交通工具，用大眾運輸系統取代自行開車，都是建立低碳城市的最基本條件，但最重要的關鍵不只是建築綠起來，整個城市也要綠起來，使人與自然可以和諧相處，讓城市不只是適合人住的地方，也能夠成為其他小動物的棲息地。

作家普魯斯特（Marcel Proust）希望居住的地方是：「住在所愛的人附近，有迷人的自然景致，許多書和音樂，離劇院不遠。」詩人波赫士（Jorge Luis Borges）的要求比較簡單：

「想像天堂是圖書館的形狀。」至於我所想像的幸福都市是一個人與人親切友善、文化多元、生活步調較慢的地方，因此這個城市要留下許多富含人情味的公共空間，比如：街角的小公園、騎樓、人行道與咖啡館，讓人可以隨時駐足、停留。

當然，這個城市也應該是個文化空間，能夠留下過去的歷史，讓我們的記憶得以延續。

蜜蜂為什麼不見了？

豔陽高照的星期天上午，難得全家人沒有任何活動或邀約，我泡杯茶、蹺著腳舒服地躺坐在陽臺上看書，雙胞胎女兒被在山谷間盤旋的大冠鷲叫聲吸引，也拿了早餐到陽臺上來吃。

她們瞄了我手上的書《當蜜蜂消失的那天》，一看見蜜蜂兩個字，眼睛就亮了，她們小時候參加過荒野保護協會的親子團隊「炫蜂團」，家裡陽臺的椅子也常有泥壺蜂來築巢。

B寶問道：「蜜蜂消失是什麼意思？每年到了冬天，看不到大部分昆蟲不是很正常嗎？」

A寶搶著答腔：「這裡說的消失，一定不是指冬天看不到蜜蜂啦！」

我進一步解釋：「前些年全世界石油價格漲得非常厲害，那時候農產品減產，價格也暴漲，甚至引起二十多個國家人民的暴動，因此，那一年傳出蜜蜂不見的消息就成為全世界各地的頭條新聞。」

ＡＢ寶同時追問：「糧食價格和蜜蜂不見了，兩件事情有關係嗎？」

人類所有的食材中，有三分之一以上來自於由昆蟲授粉的植物，這一千多種作物中，百分之八十以上需要蜜蜂幫忙傳播花粉，而這些年全世界的蜂群預估少了十分之一，尤其在美國和加拿大地區，這兩年大批蜂群神祕消失（在蜂巢附近沒有看見蜜蜂的屍體，換句話說，蜂群離巢採蜜後就沒有飛回巢而失蹤了）。

一般而言，導致蜜蜂死亡的原因，除了原本就存在的自然因素，如病菌感染、天敵捕食或風災等自然災害，真正能影響族群數量的還是人為因素，比如使用農藥（盲目且大量的使用）、基因改造食品以及為了手機傳訊所架設的電磁波干擾等原因。

有研究顯示，美國大約有四分之一的蜂群因農藥直接造成大量死亡，而種植基因作物的地區，蝴蝶數量少了三分之一，蜜蜂少了一半。可是，也有某些不使用農藥或基因改造作物的地區，蜜蜂仍大量消失，推估也許是附近有手機電磁波傳訊站，可能這些電磁場的干擾影響了蜜蜂回巢的方位判斷，因迷路無法返巢而消失？

不過，到底誰是造成蜜蜂消失的真正凶手，至今還沒有確定，各國科學家仍在研究中，我趁這個機會繼續說：「若是蜜蜂死了，很多花因為沒有傳粉也死了，靠這些花的果實為生的動物也死了，吃這些動物的動物也死了……我們平常不在意的小小昆蟲，對於自然資源以及其他生物造成多大的影響啊！一個生態系統的穩定度與它的複雜性有直接關係。一個群落中，若共存的生物種類愈多，表示生物種類間的關連愈多，對大自然的改變，以及突發災變的抗拒力或適應性也就愈大。因此，保持生物多樣性，對整體地球生態以及人類生存都是非常重要的。」

看到她們兩個若有所思的表情，我接著問她們：「蜜蜂不見了對世界有那麼大的影響，假如人類在很短的時間之內完全消失了，對世界會有多少影響？」

A寶很篤定地回答：「我猜完全沒有影響。」

B寶接著回答：「人類只會消耗一切東西，看起來也沒有什麼物種非得靠人類才能存活下去。」

的確，曾有人針對這個問題做過研究，若人類像蜜蜂一樣神祕地失蹤，只留下無數的人工建築與設施，世界會變成什麼樣子？

答案是，人類消失那一天，大自然會立刻接手，開始拆除房舍，讓這些人工物從地球表面消失，幾乎毫無例外，雖然我們實在很難想像，現代城市這般堅固的龐然大物，有朝一日會整個被大自然吞噬，而且，大自然消滅人類千年文明所成就的一切，所需時間可能遠比我們想的要短得多。

發明小兒麻痺疫苗的科學先驅沙克（Jonas Edward Salk）博士曾提出一份報告：「如果地球上所有的昆蟲全部消失，那麼幾十年內，其他所有生物也將隨之滅絕，但是假如人類從地球上消失，其他所有生物會更加蓬勃發展。」

沒有了人類，地球依舊會繼續存在，依然會水草豐美，生命繁盛，而且比人類這個物種存在時的世界，更加多采多姿。看來對於地球而言，人類是突然變異的惡性腫瘤細胞，不斷增生，破壞周遭的一切，極致擴張之餘，也傷害甚至毀滅了自己。對於其他物種而言，人類是無所不吃，無所不用，以強大的智慧與工具，超乎一切生物食物鏈的彼此依存關係，但是人類這些文明的進展與精密的社會結構，只要缺少了石油，少了石化燃料，少了電力，現代城市就難以維持，人類生活也將回到工業革命以前的時代，若要是連木材、煤炭都成為非常稀罕的東西時，人類生存、文明的存續就有問題了。

從蜜蜂神祕消失的事件，可以讓我們謙虛地重新看待這個世界，了解各種食物鏈串起了地球的生命之網，人類只是整個生命之網的一股絲線，若是因我們的短視近利或不當物質文明的發展而滅絕了物種，讓這張生命之網有了破洞，人類也將身受其害，因為各種生命之間是環環相扣，休戚與共的。

聽不到蟲鳴鳥叫的田野

「爸爸，你認識外號叫做老鷹的沈振中老師嗎？」和朋友一起去看《老鷹想飛》紀錄片，一回到家雙胞胎女兒Ａ寶就問我。

我回答：「認識啊，荒野保護協會大概從西元二千年開始，自然解說員的志工訓練或親子團的導引員培訓，有時候會請他來幫我們上課。」

Ｂ寶問：「是有關鳥類生態的課程嗎？」

我哈哈大笑：「其實不是耶！可以講知識性課程的鳥類專家很多，但是沈振中老師最棒的是帶領團隊默契的凝聚，以及自然體驗，甚至類似自然靈修，從表層的知識進入到萬物生命的心靈。」ＡＢ寶哇了一聲，覺得太酷了。

我繼續說：「大概是他一邊觀察老鷹，一邊長期孤獨的一個人在大自然裡靜坐，已經有點像是修行人。我很難忘的是，每次他都在上課前三、四小時就到演講現場，沉澱自己，也感受那個環境的能量或氣場。」

A寶張大眼睛，覺得不可思議，B寶倒是想起同學們聊的八卦：「聽說沈老師打赤腳，不穿鞋子。」

我點點頭：「也大概是二十年前吧！有一次他上完課，和荒野保護協會的志工聊天，大夥聊到現代人與自然相當疏遠，很少人真正雙腳踩在土地上。說著說著大夥就脫下鞋子走來走去，後來起鬨說要比賽誰可以赤腳不穿鞋子最久？想不到沈老師就持續了許多年沒有再穿鞋子，不管走到哪裡都打赤腳！」

這下連B寶都嚇得張大嘴巴：「這未免太神奇了！」

倒是A寶可以體會：「像沈老師可以一發願就拋棄一切世俗財物，辭掉安穩的教職，家裡沒有冰箱、冷氣、任何家電，甚至沒有床，像苦行僧一樣觀察老鷹二十年，他的毅力是超凡入聖的，區區不穿鞋子應該難不倒他。」

B寶想起紀錄片裡令她印象深刻的畫面：「沈振中老師辛辛苦苦南來北往，徹夜守候觀察老鷹，發現全臺灣只剩三百多隻，但是印度一棵樹上就棲息了三百多隻，連高樓林立的香港城市裡，天空也能一次飛舞著五、六百隻老鷹，臺灣卻大言不慚地號稱生態豐富的美麗寶島？這未免也太丟人了吧！」

我也嘆口氣：「我覺得《老鷹想飛》這部紀錄片，應該可以讓更多人真實地感受到臺灣慣行農業所噴灑的大量農藥對生態的影響。影片中那些紅豆田中的大批鳥雀，實在令人印象深刻。」

A寶也很感慨：「小鳥吃農作物，農夫用農藥毒小鳥，老鷹再吃小鳥，然後老鷹也被毒死了，難道沒有其他辦法趕鳥嗎？為什麼一定要毒死牠們？」

我搖搖頭：「以前插上稻草人有用，現在鳥雀聰明了，稻草人嚇不了牠們，只好用鞭炮趕鳥，十多公頃的農地，請一個工人來顧，加上放鞭炮，就要花十多萬元，但是花二百塊用農藥泡稻穀吸引鳥兒來吃，一下子整個區域的鳥類就死光了，對農人來說，豈不是一勞永逸，更重要的是很省錢啊！」

A寶還是不死心：「難道沒有其他辦法嗎？」

我忽然想起中國大陸在毛澤東時代曾發起的打麻雀運動：「妳們大概很難想像，當年毛澤東認定麻雀吃稻穀會影響農業生產，一九五八年三月某一天，動員全國老百姓消滅麻雀。我看過當年拍的紀錄片，真的是令人嘆為觀止，全國數以千萬計的人民在同一個時間發動對麻雀的攻擊。年紀大的人揮舞旗幟，敲打鍋碗瓢盆嚇麻雀，大人就拿彈弓或獵槍射殺麻雀，小孩子爬到樹上拆鳥巢，打破鳥蛋，殺死幼鳥，在全國動員下，數以百萬計的麻雀真的全被殺光了！」

ＡＢ彷彿在聽天方夜譚：「然後呢？」

我笑笑說：「我們看到鳥吃稻穀，認為牠是害鳥，卻忘了自然界漫長時光所形成的食物鏈，每個物種的存在，保持一種動態平衡是最健康的。當麻雀消失了，原本牠們捕食的昆蟲就大量繁衍，結果這些昆蟲吃掉了大量的農作物，導致後來幾年的嚴重饑荒。當大家知道麻雀的重要時，已經來不及了，後來中國大陸還從蘇聯進口麻雀呢！」

Ｂ寶感慨：「我們多種一點，也分給鳥兒吃，只要生態平衡，我想牠們吃掉的應該也很有限。」

我點點頭：「說得好，這幾年有許多人恢復老祖宗原本種田的方法，不再噴灑農藥，也就是採用有機耕種或自然農法，剛開始的二、三年也許收成比較差，損失也比較多一些，但是到了五、六年之後，那個地區的生態恢復平衡，鳥獸蟲魚都回來了之後，產量就能維持相當穩定的狀態。除了對環境好，我們也能吃到確保安全健康的食物。這也是包括荒野保護協會在內的許多生態保育團體在提倡的，甚至直接和農夫簽約，只要他們不再噴農藥，不管收成多少，我們都用保證的價格，也就是更高的價錢全部購買，讓這些辛苦的農夫能有安穩的收入。」

B寶和姊姊打商量：「我們請爸爸到荒野保護協會多買幾包這種對環境友善的米，同時也拿一些賣給今天晚上和我們一起看電影的朋友吧。」

提著燈籠飛翔的小精靈

「姊姊，妳說誇不誇張，我居然有同學從來沒有看過活生生的螢火蟲耶！」學醫的雙胞胎女兒Ｂ寶向讀傳播的Ａ寶講述。

Ａ寶很感慨：「辦公室同事知道我們家附近就可以看到螢火蟲，還吵著要到我們家玩呢！」

媽媽聽到後建議：「可以找一天假日邀請朋友們到家裡來玩，妳們的朋友還能夠彼此認識一下。」

我也湊熱鬧：「在臺灣長大的孩子沒有看過螢火蟲，真的是有點誇張，妳們出生那一年正是荒野保護協會成立時，這二十年來，臺灣有非常多生態保護團體都不斷地舉辦賞螢活動。」

Ｂ寶回想著：「從很小很小有記憶開始，每到天氣變暖的晚上，就會跟著一大堆人去看螢火蟲。」

A寶附和B寶：「提著燈籠的火金姑，一閃一閃地在夜裡飛翔，對孩子來說是非常有吸引力的。」

我點點頭：「沒錯，這也是爸爸與朋友成立荒野保護協會後，最先舉辦的親子活動，這是引領大人與孩子認識自然奧祕，以及激發對周遭環境的好奇，最有效的方式。」

在荒野擔任自然解說志工的媽媽也補充：「這些年來，全世界對環境保護運動的關注，其中最容易象徵自然保育運動的代表性昆蟲，大概就是螢火蟲了，因此全世界各地都有螢火蟲的人工復育計畫，除了對於那神奇螢光的浪漫遐思之外，螢火蟲也是河流恢復清澈的代名詞，因此往往被當作環境保護的指標。」

喜歡爬山的B寶想到：「螢火蟲好像不只出現在五、六月，我在秋天爬山時，好像也曾看過螢火蟲？」

我回答：「沒錯，除了冬天，其他季節都看得到，全世界有二千多種螢火蟲，臺灣有五十多種，每年三月底到五月底，數量最多的黑翅螢是一般人在近郊最容易看到的，六月到九月在某些較小的區域還是可以看到許多不同種類的螢火蟲，只是數量比較少一點，賞螢的時間在太陽剛下山到晚上八、九點以前最適合。妳在秋天看到的，大概是體型最大的山窗螢，在低海拔的山區就可以看到，若是到海拔二千公尺左右看到的，大概就是短角窗螢了。」

A寶回憶著：「記得有幾年我們幫忙當小志工，舉辦活動時，負責勸那些小朋友不要打開手電筒。」

媽媽發揮她解說員的本能：「手電筒或路燈的強烈光線都會妨礙牠們尋找另一半的機會。對於螢火蟲而言，閃光就是牠們的語言（其他昆蟲大多數是靠氣味），這是牠們溝通的方式，雄蟲一旦發現有發光物，就會飛近看一下，前方若不是雌蟲就會飛離；若是雌蟲，就會停留在牠前面，發出獨特的閃光，若是草叢裡的雌蟲喜歡牠，接受牠，就會閃一下回應，若是不接受就沒有反應，雄蟲就會離開。因此螢火蟲的閃光是尋找配偶唯一的工具。」

A寶點點頭表示明白，接著說：「我去制止別人捉螢火蟲的時候，還有人辯解說捉幾隻沒關係，反正牠們壽命也不長，這些人真是太不珍惜大自然了！」

我點點頭贊同A寶：「不管牠哪時候會死掉，不能干擾大自然是原則，螢火蟲的成蟲一般壽命在一、二個星期左右，但是正常情況下，雄蟲在交配後不久就會死去，雌蟲在交配過後幾天之內陸續產卵，產完卵之後不久也會死去。卵孵化後，有的種類幼蟲在溪裡生長，有的在潮溼的土裡生長。但是即使在溪裡生長的幼蟲，也會爬上岸在土裡變成蛹，大部分螢火蟲是一年一個世代，有的種類比較短，大約五、六個月。」

學醫的B寶對身體構造比較有興趣：「螢火蟲為什麼會發光啊？」

我想了想才回答：「螢火蟲的腹部末端有發光器，雄蟲有兩節，雌蟲只有一節，發光器的表皮透明，裡面有許多像葉片一樣的小葉，是由發光細胞所組成，內層可以反射光線，又稱反射層。發光是靠發光器裡的化學物質加上水，經過氧化反應產生。不同類的螢火蟲有不同的閃光顏色、不同的閃光頻率，靠著不同的閃光應答時間來辨認對方，以進行交尾。螢火蟲在黑暗中發出的光似乎很明亮，但其實很微弱，因此我們眼睛看到的印象是一種心理作用。」

從小看慣螢火蟲的A寶覺得有同學從來沒有看過螢火蟲實在很誇張：「現在好像到處都看得到螢火蟲？」

我回答：「只要有適當的環境，也就是原本天然、沒有汙染或人為干擾的自然環境，牠們就可以存活下來，並不需要大費周章，花很多錢去做人工復育，而且牠們需要的清新空氣、清澈溪水、沒有汙染的土地，也是我們人類所需要的。」

ＡＢ寶兩人拿出行事曆在敲邀請朋友的時間，我回想起十多年前擔任荒野保護協會理事長時，也曾用賞螢火蟲的活動呼籲許多家長與孩子一起保護大自然，趁機讓他們有參與環境行動的機會。我們人類往往在不經意中就破壞了自然環境，比如，溪流河岸如果改建成水泥或石砌的河岸，即便水很乾淨，但沒有溼地和土壤可以鑽進去，牠們也沒辦法存活；若是我們噴灑了除草劑、殺蟲劑，牠們當然也活不了。另外，若到處都是非常刺眼的路燈，牠們看不到彼此的螢光，找不到伴侶，就沒辦法產卵延續後代了。因此，在螢火蟲繁殖期，若能將山區的路燈用玻璃紙稍微遮擋一下，使光線減弱，也可以幫牠們順利找到配偶。

日本人認為螢火蟲是希望之光，總是竭盡心力去保護牠們，我們也要把自己住家附近的自然環境維護好，才能歡迎牠們與我們當鄰居。

讓路給紫斑蝶

ＡＢ寶開始上班後，只有偶爾沒有安排活動的假日才會回到山上的住家，我們會準備豐盛的早午餐在陽臺享受難得的悠閒。

幾隻蝴蝶在陽臺的植栽周邊飛舞。

Ａ寶突然問我：「去年我們到南部玩，好像有看到高速公路有一個地方做了圍籬給蝴蝶移動？」

我很興奮地回答：「沒錯，那是全世界都很關注的斑蝶遷徙過程，臺灣的高速公路局特地讓路給紫斑蝶經過，成為全世界媒體一致報導與讚揚的新聞呢！」

臺灣各地經常看到的斑蝶，其中有幾種紫斑蝶到了冬天會聚集在溫暖的山谷裡過冬，直到春天才會飛回生長繁殖的地方，有時候我們會稱那些山谷為蝴蝶谷，在臺灣大約有三十個處這樣的地方。

臺灣紫斑蝶的春季遷徙大致以中央山脈為界，分為臺灣中北部和東部山區兩線，每年清明節前後，有些沿著中央山脈西側飛行的蝴蝶來到雲林的林內鄉時，會跨越清水溪和濁水溪，到彰化的八卦山，再往北飛到苗栗。可是這條蝴蝶的飛行路線，卻在第二條高速公路通車後被截斷了，許多蝴蝶飛越高速公路時，不是被車子直接撞死，就是因汽車高速經過引起的氣流受到傷害。

幸好經過研究調查之後，許多保育團體向高速公路局建議，希望能想辦法保護蝴蝶，高速公路局也從善如流，這三年來，在三號國道北上二百五十二公里附近，也就是紫斑蝶要過馬路的地點，做了許多防範措施，包括連續架設高四公尺、長六百六十公尺的防護網，迫使紫斑蝶飛得高一點，以避開車輛行駛產生的亂流，並在牠們遷徙的尖峰時段，只要達到每分鐘有五百隻以上的蝴蝶要過馬路，就封閉最外側的車道讓道給蝴蝶，也就是這個封路的做法，讓全世界一致讚揚臺灣的文明與進步。

B寶接著連問了好幾個問題：「只有紫斑蝶會過冬嗎？其他蝴蝶怎麼過冬？蝴蝶遷徙的現象很難得一見嗎？世界上還有什麼地方有這種現象？」

一般的蝴蝶到冬天就死了，只留下卵來過冬，以整隻蝴蝶的狀態活過寒冷的冬天，的確非常少，目前最出名也被研究得比較詳細的是北美洲的大樺斑蝶。

北美洲的斑蝶飛行路線以洛磯山脈為界分為兩種，和臺灣以中央山脈為區隔很像。洛磯山脈西邊的大樺斑蝶飛到加州海岸的桉樹和松樹林聚集，洛磯山東邊的就遷往墨西哥中部，往往很難想像，這麼一隻小小的蝴蝶卻要飛行六千多公里之遠！

每年有上億隻大樺斑蝶搭乘著熱氣流的便車，以六百公尺的飛行高度來旅行，往往在天空中形成一條河流似的蝶道，這種神奇的遷移過程也被國際組織列為全球唯一的瀕危現象。

A寶緊接著追問：「為什麼會瀕危？難道到了這個時代，還會有人去抓牠們嗎？」

我告訴有點著急的A寶：「雖然在美國或臺灣沒有人會去抓牠們，甚至在美國很多地方，抓這種蝴蝶要被罰很多錢，但是因為牠們過冬的那些樹林或山谷不見了，比如蓋馬路、蓋水庫或蓋成社區，牠們也就活不了。」

AB寶還是不死心，同時問：「為什麼不幫牠們找一個更好的過冬地點呢？」

聽到她們這麼提問，我眼睛一亮，告訴她們：「哈！好問題，不過可惜的是，大樺斑蝶遷徙的路線不是學來的，而是完全記載在基因裡的，因此每年會選擇相同的地點遷移，即使這個地點隨著環境改變愈來愈差，牠們也不會換到附近更好的地點。」

而確定遷徙習性記載在牠們基因的原因是，每年飛來渡冬的蝴蝶並不是春天離去的那一隻，而是牠第四代或第五代的後代子孫！換句話說，數以億隻蝴蝶飛行數千公里，其中絕對沒有任何一隻「識途」老馬可以領頭帶路去「老地方」聚會，既然每一隻蝴蝶都沒有去過，為何又可以找到區域非常小，或許只有幾十棵樹組成的樹林或小山谷呢？是不是真的有一種「隔代遺傳」的記憶，而且還是隔好幾代的遺傳，這點至今仍是難解的謎。

B寶又挑著小問題：「為什麼是隔好幾代呢？」

每年春天飛離渡冬地往北走的大樺斑蝶不久就死了，臨死前會產下許多卵，這些卵孵化成第一代蝴蝶，和一般蝴蝶一樣，其壽命也只有幾個星期，牠們成長後再產下卵，第二代蝴蝶長成之後繼續往北飛，等到了第四代，亦即大約每年八、九月出生的蝴蝶，又要進行數千公里的飛行，遷徙到渡冬的蝴蝶谷，這一批蝴蝶會活到隔年的春天，每一隻都可算是蝶類裡長壽的人瑞呢！

AB寶聽得目瞪口呆，姊姊又追問了一句：「那麼臺灣的紫斑蝶是否和大樺斑蝶一樣？」

「我想，大概差不多吧，不過國內的研究與調查才進行沒多少年，還有許多謎題沒有解開，甚至詳細的蝶道也還沒有確定呢，假日有空時，妳們也可以去幫忙調查，做保育志工。」

聽我講完這麼神奇的現象，ＡＢ寶目光再度盯著眼前的蝴蝶思考著。

蟲蟲是我們的敵人還是朋友？

假日從荒野保護協會志工幹部營隊裡演講完回到家，在門口剛好遇到女兒送朋友回家，原來是她們邀請大學時代的朋友到社區賞螢、看油桐花。

我問她們這次聚會有什麼好玩的事。

A寶說：「我們下午帶同學到社區旁的溪邊玩，想不到她們真沒膽，一些小甲蟲爬到身上，都會花容失色，驚叫半天。」

B寶幫忙解釋：「都市人很少看到蟲子，害怕是當然的吧！不過其中有個朋友到國外旅行時，團隊中有人得到急性盲腸炎，讓大家緊張了一陣子。若是在人生地不熟的地方生病，還真是麻煩，幸好之前我們到西伯利亞搭火車自助旅行，在沙漠中行走的時候，沒有得到急性盲腸炎。」

A寶有點困惑：「盲腸沒有用，又會帶來問題，是不是乾脆把它割掉，免得旅行時發炎就糟了？」

提到這個問題，我就有興趣了：「誰說盲腸沒有用？沒有用又會帶來嚴重問題的器官會一直存在我們的身體裡嗎？演化的力量不是應該淘汰掉這些致命的風險嗎？」

聽到我這麼一問，ＡＢ寶嚇了一跳。

Ａ寶很快回答：「盲腸沒有用，不是常識嗎？」

Ｂ寶想了想：「我們在學校時老師這麼說，課本也這麼寫，應該不會有問題吧？」

我點點頭：「的確，到目前為止，醫學上大部分專家還是認為盲腸沒有用，不過這些年一些科學家有不同意見，也做了一些研究，來探討謎一樣的盲腸。」

我從書架上找出《我們的身體，想念野蠻的自然：人體的原始記憶與演化》，同時繼續說：「盲腸的正式名稱是闌尾，是位於消化道底部，大約中指長的一個懸吊小肉塊。裡面有一大堆細菌、抗體和免疫組織。當盲腸破裂時，密度極高的細菌在無菌的腹腔內四處流竄，形成感染，對身體健康是非常嚴重的威脅，若不即時醫治，死亡率很高。」

說到這裡，我忽然想到一個很容易被忽略的常識：「妳們應該知道吧？從嘴巴、食道，然後一直到小腸、大腸、肛門，整個封閉性消化系統是容許細菌存在的，甚至人體消化道中估計有一千種以上的微生物存在，而且絕大部分的品種離開腸道就無法生長繁衍，很難在實驗室環境中研究，因此對這些細菌的功能我們還是很陌生。人體內除了腸道之外，其他血管、組織大致是無菌的，假如有了外來細菌感染，會造成很大傷害。」

A寶有點急：「爸爸，你還沒說盲腸到底有什麼功用？」

我笑笑說：「別急別急，這是個很有趣的議題，我們可以一起來思考一下。三百多年前，人類就開始盲腸切除手術，挽救了許多生命，而且盲腸切除之後的患者，絕大部分沒有任何後遺症，照樣活蹦亂跳地過生活，所以多數人認為盲腸沒有功能是非常合乎邏輯的推測，甚至會認為盲腸也許就像是男生的乳頭，沒有任何實用功能，是生物演化過程留下的『古蹟』。」

A寶繼續提問：「既然沒用，又會帶來嚴重問題，那麼事先割掉不是很合理嗎？就像你幫病人拔智齒一樣。」

我哈哈大笑：「長歪的智齒的確是時代變遷中逐漸產生的新問題。不過，我們還是先回到盲腸，有研究統計，盲腸炎在整個人類族群的發病率是十六分之一，也就是每十六個人裡面就有一個人的盲腸可能會發炎，若急性盲腸炎沒有獲得治療，大約有一半的人會死亡。妳們想想看，在人類演化史上，三十二分之一的死亡率算是相當高的，妳們學過演化，了解自然淘汰的力量，有致命傾向或使個體衰弱的遺傳特徵，很難在基因庫中保存遺留下來，換句話說，假如盲腸這麼危險又沒有用，演化應該不會浪費這麼多資源在它身上，它應該早就從人體中消失了。所以有學者說，盲腸不是退化的遺跡，而是相當發達且精密的構造，只是至今還沒有很多研究來證明它的功能。」

AB寶聽到這裡嚇了一跳，覺得太另類了。

我繼續說：「落後地區的居民常常吃壞肚子，也就是吃下不乾淨或有毒素的食物，感染了消化道的疾病，這時人體最大的防衛機制就是透過上吐下瀉把腸道裡的所有東西盡快清空。我們剛剛提到，健康又正常的人類消化道裡共生著一千多種細菌，當消化道進行大掃除時，這些共生的細菌也一併被清掉了。因此有人主張，懸吊在小腸邊邊的盲腸就是個庇護站，提供腸道原生菌種安全避難之處，當消化道把不好的細菌、寄生蟲、毒素完全清掉之後，再重返家園。」

B寶思考著：「聽起來有道理，但是有科學證據支持嗎？」

我點點頭：「最近開始有人對人體腸道的免疫系統做研究，這幾年的諾貝爾獎與臺灣企業家捐款成立的唐獎，得獎的研究就是這一類有關免疫疾病的治療。就像盲腸裡的生物一樣，有研究指出，免疫系統需要暴露在有寄生蟲、有微生物的環境中，才能發展與運作。」

A寶有點聽不懂：「免疫療法和盲腸有關係嗎？」

我回答：「我們一直以為周圍的蟲蟲、微生物、細菌是可怕的、有害的，想把牠們完全消滅，我們到處殺菌、消毒，可是事實上，人類一直與許多微生物互助共生，一起演化成長，就像腸道裡數不盡的細菌一樣。有些專家還懷疑許多新興的自體免疫系統疾病以及過敏症等，也許是來自於人類的免疫系統在發展過程中，沒有『感染到』一些寄生蟲或微生物，所導致的免疫功能異常。」

A寶有點不相信：「這太神奇了吧？」

B寶想想：「這是不是臺灣俚語說的，骯髒吃，骯髒肥，也就是小時候在泥地等不乾淨的環境下長大，反而長得又高又壯又健康；從小在非常乾淨的環境下成長的，反而體弱多病。」

我哈哈大笑：「這或許是老祖先的經驗與智慧吧！」

這時媽媽一直喊著我們要開飯了。

我對ＡＢ寶說：「對人體或生命現象，人類還有很多不了解的地方，妳們若有興趣，我以後再找些資料和妳們一起討論。」

晚上太亮就看不見天上的星星

三月下旬的週末，雙胞胎女兒A寶正在家裡趕寫計畫，電腦裡不時跳出她童年玩伴傳來的連線——荒野保護協會正在臺北信義商圈舉辦的遊行活動實況轉播，這是呼應全世界同步舉行的關燈一小時，但是荒野這二十多年來，不只是呼籲大家要關燈，要節能減碳，還會用一些活動提醒大家身體力行如何愛護自然、珍惜地球。

A寶把即時訊息分享給正在線上一起討論的同事，想不到收到他們的吐槽：「只有關燈一小時有什麼用？」、「我們老百姓關燈，但是那些大賣場、大企業或者大工廠還不是照樣大量消耗著電力，排放大量的二氧化碳？」

A寶轉述了這些質疑。我點點頭：「的確沒錯，若單單以關燈一小時所能省下的能源相較於人類每日每夜日積月累所排放的二氧化碳，真的是微不足道，但透過這些議題的倡議與活動，當一個一個民眾願意參與，有了實際行動，往後他們對環境的關心會增加，也會給政府或有影響力的人一些訊息與壓力，每次施政或決策時，願意選擇對環境友善的方案。」

A寶同意我的解釋，但是她也有疑問：「呼籲大家關燈就關燈，為什麼還要想一些奇奇怪怪的活動呢？」

我哈哈大笑：「今年是在臺北最奢華的信義商圈辦動物化裝遊行，是呼應荒野保護協會近年推動的守護臺灣動物棲息地，十多年前，爸爸當理事長時，連續好幾年的關燈活動是在大安森林公園辦不插電音樂會，同時在公園裡同步舉辦許多不用電的休閒活動，比如在樹下講故事、觀星看天空，或者做夜間觀察。」

怕黑的A寶覺得不可思議：「不開燈，暗暗的，多可怕！有人來參加嗎？」

我笑笑說：「當然有很多人來參加，很熱鬧的。真的把燈關掉之後，我們反而能更清楚地用月光看到周遭的環境，以前沒有電的時代，大家不是活得好好的。我覺得聲光刺激太多，我們的眼睛反而退化了。」

我想到二十年前的深刻印象：「荒野保護協會剛成立時，在南部墾丁的大尖山曾舉辦過親子活動，當大家在山頂看完夕陽落日後，剛要下山夜色就籠罩上來。只見大夥拿著手電筒一邊在坡度很陡的石頭間手腳並用地爬著，一邊埋怨手電筒亮度不夠，照的範圍不夠大，不知道在跳躍時該照那裡，一時之間險狀百出。忽然有人把手電筒的亮光關掉，只見皎潔的月光照在大地上，目光清晰可見，大家不禁安靜下來，有種沐浴在月光下的神聖感。」

A寶出神地聽著，想到她曾看過的電影：「日本大導演黑澤明拍的《夢》這部電影，有一段對白是村莊的老人說：『晚上太亮，就看不到天上的星星。』」

我為A寶按讚：「說得好！生活在都市裡，習慣了五光十色的刺激，已經看不到大自然的神祕與豐富，大部人也忘了，在屋頂之外，我們的頭上還有星空。」

A寶關掉電腦的視訊連線，專心地寫計畫。我走到陽臺，望向山腳下高速公路上蜿蜒的車河。一邊想著物質文明雖然帶給我們方便，但是不是讓我們反而愈來愈疏離，愈來愈沒辦法看清楚自己？就像是有了汽車，距離或許不再是問題，但是人與人、人與自然的距離，卻是愈來愈遠了。

是的，近就是遠。

我們擁有的愈少，反而會得到更多。

當我們關掉燈，才能看到一整個星空。

聖嚴法師說：「我們需要的不多，想要的太多了！」

泰戈爾（Rabindranath Tagore）說：「一個人擁有什麼，他的限制就在那裡。當我們追求以及擁有許多想要的東西時，或許是富裕的，但若能夠不需要它們，這就是力量。」

總會想起小時候，那個物質很少、人情卻很多的時代，當時的生活雖然清苦，然而快樂滿足總是比憂慮煩惱多，而且大家都過得很安心。

是否能偶爾熄掉燈光，去掉聲音，停掉機器，推辭邀宴，「少」有時是「更多」。

我們早已失去了星星：如果還不警覺，將不只失去星星，也終將失去蔚藍的天空。

從二十三步到二十三公里

雙胞胎女兒A寶假日與朋友到臺北松山文創園區玩，回來之後問B寶：「我們要找一杯水的距離平均是二十三步，妳知道在非洲衣索比亞的居民打水的距離是多少？」

B寶有點猶豫：「三公里？」

A寶公布答案：「不對，是二十三公里！」

「哇！太誇張了！那麼遠，他們不就每天單為了找水，就不用做其他事了嗎？」B寶回應著。

我聽到她們的對話，忍不住湊過去：「沒錯，當貧窮的人沒有水可以用，就被迫要花掉幾乎所有的時間四處找水，沒辦法讀書或找工作改善生活，這也是這些地區窮人無法翻身的惡性循環。」

我停了一下讓她們思考，然後接著說：「妳們記不記得看過的電影《心靈捕手》的主角麥特．戴蒙（Matt Damon）？他前幾年創辦了一個水基金會，專門幫助開發中國家的窮人改善用水危機。還記得以前流行過的冰桶挑戰嗎？麥特．戴蒙拍了一段影片，他直接從家裡馬桶舀水，倒入冰桶，再拿到屋外，整桶從頭淋下，他趁這個機會告訴大家，全世界還有八億人沒有乾淨的水可以用，若是只為了好玩將一桶桶乾淨的水浪費掉，是太奢侈的行為。」

A寶讚嘆：「太酷了！」

我點點頭：「明星利用他們的光環吸引媒體來宣傳一些好的理念，是一件很棒的事情。」

A寶立刻呼應：「我到松山文創園區看『水足跡特展』，就是台達文教基金會在大戈壁旅程中拍攝的紀錄片，讓大家看到各地水資源缺乏的困境，剛剛問B寶的問題，就是這個水與環境教育特展裡的資料。」

B寶對麥特．戴蒙比較有興趣：「為什麼好萊塢大明星會想成立一個有關水資源的基金會啊？」

我想起前一陣子在網路上看到麥特．戴蒙的演講：「我想最早的起心動念應該是很多年前他參與國際慈善活動，在非洲尚比亞參加貧窮體驗營，某一天的主題剛好是水，他的任務是跟著一個十四歲的尚比亞鄉下女孩走了幾公里到附近的水井中取水。他深深體會到，無水可用，剝奪的不只是健康和生命，更是孩子對人生的希望與夢想。」

AB寶聽得入神，我繼續說：「麥特．戴蒙與這個小女孩聊天時埋下的種子，在之後到衣索比亞鄉下的另一次衝擊促成了他真正的行動。他目睹衣索比亞的小孩子在一灘已變成巧克力牛奶般混濁汙穢的小水池用容器舀出水，帶到學校去喝。他們知道水不乾淨，喝了會生病，但是別無選擇。當麥特．戴蒙知道在那樣的地方，明明地下六公尺就有比較乾淨的水，但人們沒有能力也無法取用，我猜是這個震撼讓他挺身而出。」麥特．戴蒙很感慨，在世界上眾多需要大家協助的議題裡，缺水不太容易引起關注，不管是疾病或天災，我們很容易因感同身受而有連結，但是住在進步、設備完善城市裡的人，習慣打開水龍頭就有乾淨的水，從來沒有因為缺水而痛苦過，也就很難體會了。

B寶忽然想起來：「以前學生時代時，我曾經做過有關暖化引起氣候變遷的影響，其中就有一項是缺水。」

我嘆了口氣：「沒錯，聯合國曾指出到了二〇二五年，全世界將有二十七億人嚴重缺水，未來各國為了搶水而發生衝突的機會愈來愈多，目前超過三分之二的大河與地下水層是不同國家所使用，到時候為了缺水所引起的國際紛爭恐怕很難解決。」

Ａ寶有點擔心：「那該怎麼辦呢？」

我安慰她們：「對於節約用水已經有許多新科技可以幫忙，只要及早注意到這個問題，投入資源將整個社會轉型成低碳、節能、節水的永續社會，聰明地管理每一滴水，我相信以人類的聰明才智可以避免危機的產生。」

我雖然樂觀地這麼和ＡＢ寶說，但是內心其實有點擔心，生活在豐盛且便利的臺灣，我們的孩子很少會思考，喝一杯水的背後有多少人的辛苦。

不趕時尚做自己

「爸爸，你為什麼都不會想買名牌的東西？」A寶問我。

我很好奇：「有啊！我的登山用品都是出名的品牌啊！為什麼忽然問這個問題？」

B寶幫姊姊回答：「姊姊曾到義大利訪問了好幾位出名的設計師，還包括所謂義大利設計界教父、教母級人物，回國後一邊做紀錄片後製，一邊研究品牌。」

A寶接著說：「我不是指登山夾克、背包這一類的東西啦！而是這幾年很流行的時尚流行服飾、包包啦！你和媽媽好像從來都不買這些名牌包，也沒有看過你們逛百貨公司，你們是不是覺得是什麼牌子根本不重要？」

B寶也幫腔：「這些年整個社會氛圍都在鼓勵大家創業、自創品牌、不要仿冒，名牌應該還是對社會有一定的意義吧？」

我想了一下才回答：「我不排斥流行時尚，畢竟時尚是社會現象的一環，我也認為所謂流行時尚大概算是當代最頂尖、最有創意的人設計出來的作品，從這些精品中多少可以窺見那個時代的文化、品味或技術。」

停了一會兒，我繼續說：「不過我們也看到許多人沉溺在物質享受，重視名牌，耗盡心神追趕時尚，我覺得他們喪失了讓生命或精神更加豐富與開闊的機會，甚至有些年輕人為了購買名牌商品去作奸犯科、出賣靈魂，那就更可惜了！我寧可選擇欣賞，而不是非得擁有不可，就像古希臘哲學家蘇格拉底除了到市場找人辯論外，也喜歡到處參觀琳瑯滿目的商品，有人好奇難道蘇格拉底也會被物質欲望所誘惑嗎？他回答：『我觀賞這些奢侈品是知道即便我沒有這些東西，還是可以獲得完全的喜悅與幸福啊！』」

A寶想起看過的電影：「幾年前我們一起看《穿著Prada的惡魔》，女主角是時尚雜誌總編輯的助理，影片中雜誌工作人員一再重複：『時尚不是浮華表面的行為，而是更勝於藝術的！』、『這不只是一本時尚雜誌，而是閃亮的希望高塔！』世界上成千上萬人為之瘋狂，不知這市場刺激多少消費？促進多少產業的發達？如果『所有存在的事物都有其存在價值』，時尚產業最大的益處，或許是創造無數的就業機會吧！」

我嘆了口氣：「妳說的或許沒錯，但是有位哲學家曾說：『擁有很多東西，是富有的；

若能不需要那些東西，這就是力量！』的確，爸爸認為所謂的窮人，不是那些沒錢的人，而是那些欲望很多的人！」

A寶同意我所說的：「我有少數朋友很熱衷買名牌包包或衣服，沒有將賺的錢好好存起來，我覺得很浪費錢。」

我點點頭，趁機提醒她們：「賺錢滿足欲望是很正常的事，而且有錢並不是壞事，錢也不是罪惡，在自由民主的資本主義社會中，每個人透過工作來賺錢，所謂有用的人就是被社會需要的人，也就是能夠透過工作來服務社會、貢獻自己的力量，因此努力工作賺錢自古以來就被當作美德，正當賺來的錢當然不是壞事。

積極來說，有錢可以做自己想做的事，包括做好事；消極來看，擁有適當的金錢，可以保持我們的自由，以及尊嚴。不過，我們也不能太看重錢，否則就會像美國開國元老，也是哲學家、科學家的富蘭克林（Benjamin Franklin）所說的：『以為錢就是一切的人，將會為錢做一切。』爸爸的確看到有人為了貪財而不顧尊嚴，甚至喪失了自由，也有太多人在賺錢的過程中，反而成了錢的奴隸。」

B寶附和說：「我聽過有人會說，等我賺到足夠的錢再來做好事，或是說等我存夠了錢再來好好享受人生。」

A寶也感慨：「我相信會說這樣話的人，永遠不會有等到的一天，因為錢再怎麼賺，總是賺不夠的，那些說有錢再來做好事的人，往往在賺錢的過程中，價值觀就改變了。」

討論完，我很欣慰地看著她們又埋首進正在讀的書，知道她們已經很清楚自己想要什麼，也能減少對物質的依賴，盼望她們能真正體會到生命的意義在於「你是什麼」，而不是「你有什麼」。

VIEW系列127

李偉文的退休進行式3：你好，我好，做公益與世界共好

作者—李偉文
主編—邱憶伶
行銷企畫—林欣梅
封面設計—FE設計葉馥儀
內頁設計—林樂娟

編輯總監—蘇清霖
董事長—趙政岷
出版者—時報文化出版企業股份有限公司
一〇八〇一九臺北市和平西路三段二四〇號三樓
發行專線—（〇二）二三〇六六八四二
讀者服務專線—〇八〇〇二三一七〇五．（〇二）二三〇四七一〇三
讀者服務傳真—（〇二）二三〇四六八五八
郵撥—一九三四四七二四 時報文化出版公司
信箱—一〇八九九臺北華江橋郵局第九九信箱

時報悅讀網—http://www.readingtimes.com.tw
電子郵件信箱—newstudy@readingtimes.com.tw
時報出版愛讀者粉絲團—http://www.facebook.com/readingtimes.2
法律顧問—理律法律事務所 陳長文律師、李念祖律師
印刷—綋億印刷有限公司
初版一刷—二〇二三年三月三日
定價—新臺幣三八〇元
（若有缺頁或破損，請寄回更換）

時報文化出版公司成立於一九七五年，並於一九九九年股票上櫃公開發行，於二〇〇八年脫離中時集團非屬旺中，以「尊重智慧與創意的文化事業」為信念。

李偉文的退休進行式3：你好，我好，做公益與世界共好／李偉文著. --初版. --臺北市：時報文化出版企業股份有限公司，2023.03
面； 公分. --（VIEW系列；127）
ISBN 978-626-353-519-0（平裝）
1.CST:退休 2.CST:生涯規劃 3.CST:生活指導
544.83 112001249

ISBN 978-626-353-519-0
Printed in Taiwan